Superstarke Schulgeschichten

Von Sabine Cuno
Mit Bildern von Thorsten Saleina

arsEdition

Inhalt

Die Villa Wandel	9
14 ausgerissene Braunbären	12
Ein Schultütentraum	16
Lauter coole Heißluftballons	20
Jede Menge Buchstaben	23
Omas Kinderkrimskramskiste	27
Blaumasern	32
Richtige Schulkinder	37
Der stille Fuchs	40
Eine riesengroße Überraschung	46
Die Brezel-Oma	51
Erste-Klasse-Kennenlernrallye	56
Fliegende Buchstaben & Schweizer-Käse-Karten	63
Marla macht das!	69
Drei Tiertotenkopfträger	74
Das Hausaufgabenheinzelmännchen	80
Der Geschichtenkalender	85
Geschenkgeheimnisse	89
Der Weihnachtswürfel	91
Eine rasende Rolle	94
Finn ohne Fähne	99
Fenstervögel	104
Ein gruseliger Gartenweg …	110
… und ein großes Gartengeheimnis	113
Pausenpicknick	118
Erste-Klasse-Sommerfreuden	120

Die Villa Wandel

In der Südstadt gibt es einen kleinen Kindergarten. Sein Name ist etwas seltsam. Er heißt „Villa Wandel". Vielleicht weil die Leute, die früher in dem Haus wohnten, Wandel hießen. Vielleicht aber auch, weil die Kinder, die ihn besuchen, sich hier im Laufe der Zeit verwandeln. Denn sie werden immer mutiger, hilfsbereiter, klüger, stärker, geschickter und größer.

Zur Villa Wandel gehört ein Garten. Ein verwilderter Garten mit großen Bäumen, blühenden Büschen, einem Gemüsebeet, einer Wasserpumpe, einem riesigen Sandkasten, einer Schaukel, und nun kommt das Beste ... mit einem alten, ausgedienten Bauwagen! Die Kinder durften ihn neu anstreichen und ihm einen Namen geben. Deshalb steht er jetzt auch so schön kunterbunt da. Und weil er zur Villa Wandel gehört, ist es eben der „Wandelwagen".

An manchen Tagen treffen sich nur die Vorschulkinder im Wandelwagen. Heute ist so ein Tag, und Finn und alle anderen Großen sind gespannt, was sie machen werden. Ingrid, die Erzieherin, hat einen Stapel großer, weißer Pappbuchstaben mitgebracht. „Schaut mal, 26 Buchstaben, das ist das ganze Alphabet!", sagt sie und breitet die Buchstaben auf dem Tisch aus. Jetzt darf sich jeder einen Buchstaben aussuchen und anmalen. Finn und Florian greifen beide nach dem F. Finn ist schneller. „Das ist gemein! Ich wollte auch das F!", beschwert sich Florian und dreht sich beleidigt um. „Hey, komm! Wir malen ihn einfach zusammen an!", schlägt Finn vor. Florian ist nämlich sein bester Freund und meistens nennt er ihn einfach nur „Flo". Doch Florian steht weiter mit verschränkten Armen da und schweigt. Finn versucht es wieder: „Weißt du was, du malst zuerst die eine Seite an und ich dann die andere!" Florian dreht sich zu Finn um. Das findet er gut.

Und nicht nur er. Jule, Jakob, Max und Marla machen es nun genauso wie Finn und Flo.

„Prima, dass ihr euch die Buchstaben teilt!", meint Ingrid. „Und solange der eine malt, gibt es für den anderen noch genügend Buchstaben, die alle nur darauf warten, bunt zu werden!" Finn überlegt nicht lange und nimmt sich ein L weg. Den Buchstaben kennt er auch schon gut. „L wie Leni!", verkündet er. Denn so heißt seine kleine Schwester. Sie geht auch in die Villa Wandel. Aber Leni ist noch bei den Kleinen.

Sie malen und malen. Bunte Streifen, Punkte, Kringel, Schlangenmuster und Zickzackmuster, bis kein weißer Buchstabe mehr übrig ist. „FERTIG!" Pia, Jakob, Jule, Heiner, Katharina, Max, Marla, Valentin, Anna, Timo, Nele, Emma und auch Finn und Florian halten stolz die bunten Buchstaben hoch. Ingrid sammelt alle ein und freut sich, weil sie so schön geworden sind. „Prima!", sagt sie begeistert.

„Und was machen wir damit?", will Nele wissen.
„Wir machen doch bald ein Fest. Ein Buchstabenfest!", antwortet Ingrid.
„Und dafür brauchen wir sie. Aber mehr wird heute noch nicht verraten!"
„Buchstabenfest! – Buchstabenfest", jubeln alle Vorschulkinder, als sie die kleine Treppe vom Wandelwagen hinunter und durch den Garten zurück zur Villa Wandel hüpfen.

14 ausgerissene Braunbären

An diesem Vormittag spielen nur die kleineren Kinder im Garten. Die großen versammeln sich am Gartentor. Sie haben heute nämlich etwas Besonderes vor, und man merkt, dass sie ziemlich aufgeregt sind – so wie sie durcheinanderplappern, herumzappeln und -hüpfen.
„Was macht ihr?", fragt die kleine Leni neugierig und zupft ihren Bruder am Ärmel. „Wir warten auf Ingrid", antwortet Finn.

„Und dann?", will Leni wissen. „Dann gehen wir zur Schule!", erwidert Finn. „Und was macht ihr da?", erkundigt sich Leni. „Da besuchen wir die zweite Klasse!" „Und dann?" „Weiß ich auch nicht!", sagt Finn und zieht die Schultern hoch. „Warum nicht?", fragt Leni weiter. „Mensch, Leni, frag doch nicht so viel!", stöhnt Finn und will sich schon über seine kleine Schwester aufregen. Da kommt Ingrid. Sie zählt die Kinder. „Alle da!", stellt sie zufrieden fest.

„Dann geht's jetzt los!" Und in einer hübschen Zweierreihe machen sich 14 Vorschulkinder auf den Weg zur Schule.

Gerade als die Gruppe beim Schulhof ankommt, ist die große Pause zu Ende und alle Schüler strömen zum Schulgebäude. Ältere, jüngere, große, kleine. Sie gehen alleine, zu zweit oder in Gruppen. Manche schlendern langsam, andere stürmen wild auf die Eingangstür zu.

Eine junge Frau kommt den Vorschulkindern entgegen. „Ah, da ist ja unser Besuch!", sagt sie freundlich und streckt Ingrid die Hand entgegen. „Ich bin Frau Fröhlich und Lehrerin in der zweiten Klasse." Dann macht sie eine einladende Geste und begleitet die Gruppe in die große Eingangshalle.

Auf den Treppen und in den langen Gängen wimmelt es von Kindern. Und was für ein Lärm hier ist! Aber nur, bis es das zweite Mal klingelt. Dann verschwinden nacheinander alle hinter den vielen Türen und langsam wird es still im Schulhaus.

Frau Fröhlich hat inzwischen auch eine Tür geöffnet. „Geht ruhig hinein", sagt sie, „ihr werdet bereits erwartet!" Und das stimmt wirklich! Die Zweitklässler haben in der Pause Stühle geschleppt und für ihre Gäste aufgestellt. Und nicht nur das ... auf jedem Stuhl liegt ein buntes Namensschild! Für jedes Vorschulkind und sogar eines für Ingrid.

Jeder will nun ganz schnell seinen Platz finden. Die 14 Vorschulkinder laufen hin und her und merken dabei gar nicht, dass die Schulkinder längst ruhig auf ihren Stühlen sitzen. Sie schauen alle zu Frau Fröhlich, die vorne vor der großen Tafel steht und wartet.

Als es ganz still geworden ist, sagt sie: „Die zweite Klasse und ich, wir freuen uns über euren Besuch und wollen nun eine ganze Schulstunde mit euch verbringen! Zuerst möchte ich euch eine Geschichte vorlesen und danach

werden wir dazu noch etwas basteln. Aber jetzt macht es euch erst einmal bequem, damit ihr gut zuhören könnt."
Das lassen sich die Kinder nicht zweimal sagen. Sie setzen sich so gemütlich hin, wie es nur irgend geht. Manche rutschen dabei ganz tief in den Stuhl und strecken die Beine aus, andere stützen ihre Arme auf den Tisch und ihren Kopf auf die Hände, einige drehen ihren Stuhl um, sodass sie verkehrt herum sitzen, und legen ihre Arme auf die Lehne. Das alles dauert ein bisschen, aber dann sitzt endlich jeder so, wie es ihm gefällt, und Frau Fröhlich kann beginnen.
Die Geschichte, die sie vorliest, handelt von einem kleinen Braunbären, der von zu Hause ausgerissen ist und jede Menge Abenteuer erlebt. Die Kinder hören gespannt zu, was ihm so alles passiert. Und sie atmen erleichtert auf, als er zum Schluss doch wieder gerne nach Hause zurückkommt und nie mehr ausreißen will.
Frau Fröhlich klappt ihr Buch zu und sagt: „Der kleine Bär hat nun ein für alle Mal genug vom Ausreißen, aber ihr ... ihr dürft jetzt damit anfangen!"

Hä? Alle gucken sie fragend an, während sie jedem einen Bogen braunes Papier hinlegt. „Jeder zeichnet zuerst einen schönen, großen Bären auf", erklärt sie dabei, „und dann wird er vorsichtig ausgerissen!"
Das Zeichnen geht ja noch. Aber das Ausreißen ist gar nicht so einfach. Doch mit der Zeit macht es richtig Spaß und es kommen lauter lustige Bären dabei heraus. Dicke, dünne, schiefe, krumme, mit großen und kleinen Ohren, mit langen und kurzen Beinen. Und Bär um Bär wird auch gleich in Reih und Glied an die Wand geklebt, sodass dort langsam eine lange Bärenschlange heranwächst.
„Dingg-dangg-donggg!", tönt es auf einmal. Es ist der Schulgong.
„Ooch, schade!", rufen alle. Die Schulstunde ist viel zu schnell vergangen. Und bevor die nächste beginnt, verabschieden sich die Vorschulkinder und machen sich wieder auf den Weg zurück zur Villa Wandel.
Doch ihre 14 ausgerissenen Braunbären dürfen in der Schule bleiben!

Ein Schultütentraum

„Bitte das Licht anlassen!", sagt Pia, als ihr Papa nach dem Gutenacht-sagen zur Tür geht. Nicht, dass Pia im Dunkeln Angst hätte. Nein, über-haupt nicht! Sie will nur vor dem Einschlafen noch ihre wunderschöne Schultüte anschauen, die sie im Kindergarten gebastelt hat. Denn heute durften die Vorschulkinder sie endlich mit nach Hause nehmen.

Und da liegt sie nun, auf dem flauschigen Teppich neben Pias Bett. Rosarot, mit kleinen und großen Glitzerkronen. Alle fein säuberlich von Pia ausge-schnitten und aufgeklebt. Am Rand oben klebt dünner, lilafarbener Stoff. Dabei hat ihr Ingrid geholfen, und Pia hat den Stoff dann noch mit einer glänzenden rosa Schleife zugebunden.

„Eine richtige Prinzessinnenschultüte!", denkt sie und seufzt vor lauter Glücklichsein. Sie stellt sich vor, wie sie damit zur Schule geht ... in ihrem neuen Kleid ... und mit den neuen Schuhen ... und ... auf einmal schläft sie ein!

Pia träumt. Sie läuft durch einen Park. Es ist ein verwilderter Park. Mit großen Bäumen, blühenden Büschen und einem Gemüsebeet. Sie kommt an einer Wasserpumpe, einem riesigen Sandkasten, einer Schaukel und einem kunterbunten Bauwagen vorbei. Pia kennt den Weg genau. All das hier ist ihr vertraut, und sie ist so glücklich in ihrem neuen Kleid und den neuen Schuhen, dass sie ihre Arme weit ausbreitet und sich im Kreis dreht.

Krack! Knurps! – macht es plötzlich unter ihren Füßen. Was war das? Pia bleibt mit einem Ruck stehen. Der weiche, bemooste Parkweg hatte hier ge-endet. Mit einem Mal ist er in einen Kiesweg übergegangen, der sich einen kleinen Hügel hinaufschlängelt. Pia staunt. Dort oben auf dem Hügel steht ein Schloss! Ein weißes Schloss mit spitzen Türmen! Und die Dächer der Türme sind ... Schultüten! Unzählige kleine und große Schultüten!

Pia zögert. Soll sie weitergehen?

„Komm, die anderen warten schon!", hört sie eine feine Stimme und im nächsten Augenblick spürt sie etwas an ihren Beinen. Sie schaut hinab und sieht, wie winzig kleine Wesen sie in die Waden zwicken. „Hey!", beschwert sich Pia empört. „Hihihi!", kichern die kleinen Kerle und wackeln mit ihren Tütenhüten. Tütenhüte? ... Richtig! Auf ihren Köpfen sitzen winzig kleine ... Schultüten!

„Wer seid ihr?", will Pia wissen. „Wir sind die Schultütentrolle! Und nun komm endlich, sonst kann das Fest nicht beginnen!", schimpft ein kleiner Troll und eilt mit den anderen voran, den Hügel hinauf. „Das Fest?", ruft Pia und folgt ihnen neugierig und gaaanz langsam. Sie will nämlich auf gar keinen Fall vor ihnen beim Schloss anlangen. Wer weiß, was sie dort erwartet!

„Sie kommen! Sie kommen!", tönt es von den Schlosstürmen herab. Pia schaut nach oben, und als sie erkennt, wer ihr von dort zuwinkt, hüpft ihr Herz vor Freude. Sie bleibt stehen. Doch die Schultütentrolle haben bereits mit vereinter Kraft das schwere Schlosstor aufgestemmt und winken sie ungeduldig herein.

Aufgeregt betritt sie eine große und prächtige Halle. Pia blickt sich sprachlos um. Riesige Kronleuchter hängen von der Decke herab. Die Wände sind mit kostbarem Stoff tapeziert, dicke Teppiche liegen auf dem Marmorboden und sämtliche Säulen sind mit Blumengirlanden geschmückt. In der Mitte der Halle stehen goldene, samtbezogene Stühle um eine lange Tafel, die festlich gedeckt ist mit feinstem Porzellan, edlem Silberbesteck und funkelnden Kristallgläsern.

Und dann kommen sie! Immer zu zweit schreiten sie feierlich die breite Treppe hinunter ... Jakob mit Jule, Heiner mit Katharina, Max mit Marla, Valentin mit Anna, Timo mit Nele, Finn mit Emma ... und wie schön sie alle aussehen! In ihren Anzügen und Kleidern und mit ihren spitzen Hüten.

Spitze Hüte? Aber das sind ja gar keine Hüte! Das sind ihre ... Schultüten!
„Oooh!", staunt Pia mit offenem Mund.
Aber auf einmal wird sie traurig. „Ich hab meine Schultüte nicht dabei!", denkt sie. Doch nun bemerkt sie Florian erst richtig. Er kam als Letzter und allein die Treppe hinunter. Und was hält er da im Arm? Rosarot, mit kleinen und großen Glitzerkronen darauf und mit einem dünnen, lilafarbenen Schleier? „Danke, Flo!", flüstert Pia und strahlt, als er ihr ihre wunderschöne Schultüte auf den Kopf setzt und sie bei der Hand nimmt.
„Hurra, jetzt kann das Fest beginnen!", rufen alle Schultütentrolle freudig. Und tatsächlich ... das tut es! Sie tanzen, lachen, spielen, singen und essen miteinander, bis in der großen Halle die Lichter ausgehen.
Da wacht Pia auf. Sie öffnet die Augen und sieht ihre Mama, die soeben das Licht ausgemacht hat. Pia lächelt und schläft glücklich wieder weiter.

Lauter coole Heißluftballons

„Papa! Papa! Schau mal, was ich hab!", ruft Finn und rennt aus dem Haus auf die Garage zu. Er läuft ein bisschen im Zickzack. Das kommt, weil er rückwärts läuft. Und das macht er, damit sein Papa gleich sehen kann, was er auf dem Rücken trägt, nämlich ... seinen funkelnagelneuen SCHULRANZEN!

„Wow!", sagt sein Papa und stellt seine Aktentasche hin. „Der ist ja toll!", fügt er hinzu, nachdem er den Ranzen von allen Seiten gründlich begutachtet hat. „Hm, hm!", macht Finn und nickt stolz. Und während sie ins Haus gehen, erzählt er: „Da war noch einer mit Dinos drauf. Der hat mir auch super gefallen. Aber den hat der Flo schon. Und wenn wir beide den gleichen haben, dann verwechseln wir sie vielleicht, meint Mama, und deshalb hab ich jetzt den genommen. Der gefällt mir auch gut. Nee, der gefällt mir sogar noch besser! Weil da lauter coole Heißluftballons drauf sind, und die mag ich doch so, weißt du?" „Ja, ich weiß!", sagt sein Papa und streicht Finn über den Kopf. „Und wenn du ein bisschen größer bist, dann machen wir beide eine ..."

Finns Papa kommt nicht weiter. Denn schon stürmt Leni in die Garderobe und ruft: „Papa! Papa! Guck mal, was der Teddy hat!" Sie hält ihm mit ausgestreckten Armen ihren Teddy hin. Ihr Papa nimmt ihn. „Na so was!", sagt er verwundert. „Jetzt tragen sogar schon Teddys Schulranzen!" „Hm, hm!", macht Leni und nickt heftig. Und während sie ins Wohnzimmer gehen, erzählt sie: „Den hat Mama mir gekauft, weil Finn auch einen hat. Eigentlich ist der für Puppen. Aber ich will ihn für meinen Teddy haben. Der ist nämlich schon groß und geht bald zur Schule!"

„Ich dachte, FINN geht bald zur Schule!", meint ihr Papa und gibt Leni den Teddy zurück. „STIMMT!", ruft Finn. „Komm, ich zeig dir, wie mein Schulranzen von innen aussieht und was ich noch alles hab!" Er zieht seinen Papa zum Tisch. Dort liegt ein Federmäppchen, gefüllt mit acht Buntstiften, zwei Bleistiften, einem Lineal, einem kleinen Radiergummi und einem noch kleineren Anspitzer. Leni ist inzwischen auf einen Stuhl geklettert. „Da kommt mal der Füller rein!", verkündet sie und steckt ihren Zeigefinger in eine leere Gummischlaufe. „Prima!", sagt ihr Papa und schaut sich alles ganz genau an. „Hier! Das ist mein Turnbeutel!", ruft Finn und schlenkert aufgeregt mit dem Beutel vor der Nase seines Papas herum. „Und siehst du? Da sind auch lauter coole Heißluftballons drauf! Weil ..." „Weil du die doch so magst!", unterbricht ihn sein Papa und beide lachen.

Als Finns Eltern später zum Gutenachtsagen in sein Zimmer kommen, müssen sie schmunzeln, was Finn sich aufgebaut hat. Sein neuer Ranzen steht neben dem Bett, das Mäppchen liegt davor und der Turnbeutel baumelt an der Nachttischlampe. „Bin ich froh, dass wir einen schönen Schulranzen für dich gefunden haben!", seufzt seine Mama erleichtert. „Und ich erst!", meint Finn und schlüpft ins Bett. „Bald ist doch unser großes Buchstabenfest! Und dazu müssen wir alle unsere neuen Schulranzen mitbringen!"

Nach dem Gutenachtkuss, als Finns Papa gerade hinausgehen will, fällt Finn noch etwas ein. „Was wolltest du vorhin eigentlich sagen? Was machen wir beide, wenn ich ein bisschen größer bin?", fragt er. „Dann machen wir Männer eine Heißluftballonfahrt!", sagt sein Papa und schließt leise die Tür.
„Cool! Ballonfahrt und Buchstabenfest!", flüstert Finn begeistert.
Und bevor er die Nachttischlampe ausmacht, gibt er seinem Heißluftballonturnbeutel noch einen kleinen, vorfreudigen Stups.

Jede Menge Buchstaben

„Was ist denn heute bei Wandels los?", fragt Frau Muschke und schaut neugierig über den Gartenzaun. Die alte Dame wohnt schon lange neben der Villa Wandel und interessiert sich immer sehr dafür, was im Kindergarten passiert.

„Heute ist Buchstabenfest für die Vorschüler!", antwortet Heiner, der auf der anderen Seite am Zaun steht. „Na, jetzt ist mir auch klar, warum der Garten so schön geschmückt ist. All die bunten Luftballons und Girlanden. Die da gefällt mir besonders gut!", sagt Frau Muschke und deutet auf eine Girlande, an der viele große, bunte Buchstaben baumeln. „Die haben wir Großen neulich alle angemalt!", sagt Heiner stolz. Dann rennt er wieder zu den anderen, dreht sich aber noch mal kurz um und schreit: „26 Stück! Das gaaanze Alphabet!"

Valentin, Timo, Marla, Max und Emma kommen ihm entgegen und kauen genüsslich. „Was esst ihr da?", will Heiner wissen. „Buchstaben!", antwortet Valentin. „Hä? ... Was?" Heiner guckt ungläubig. „Ja, das blaue B schmeckt besonders gut!", sagt Timo und lacht. „Mmh, mein gelbes G ist auch total lecker!", schwärmt Marla. Max und Emma haben den Mund so voll, dass sie gar nichts sagen können. „Wo gibt's die?", erkundigt sich Heiner. „Da drüben, bei Ingrid!", sagt Valentin.

Heiner saust los. „Kann ich bitte auch einen haben?", fragt er Ingrid. „Na klar! Such dir einen Buchstaben aus!", antwortet sie und zeigt mit einladender Geste auf den Korb, der vor ihr steht. Es ist ein großer Korb, voll mit frisch gebackenen Buchstaben. Blaue und braune B, grüne und gelbe G, lila L, orangefarbene O, rosa und rote R, türkisfarbene T, violette V, weiße W und sogar schwarze S gibt es. „Sind die verbrannt?", will Heiner wissen. „Nee!", sagt Ingrid und lacht. „Das ist doch Zuckerguss!"

Heiner nimmt sich ein S. Schwarzer Zuckerguss!
Wie der wohl schmeckt? Er beißt hinein und ruft:
„Einwandfrei!" Das sagt sein großer Bruder
auch immer, wenn was so richtig gut ist.
Heiner hüpft fröhlich zur großen Regentonne. Darin schwimmen heute Buchstabenfische. Wer seinen Anfangsbuchstaben herausangeln kann, darf ihn behalten.
Katharina, Jule, Finn und Flo sind auch schon da.
„Juhu!", jubelt Katharina. An ihrer Angel hängt ein großer Fisch mit einem K auf dem Rücken.
Buchstabenfische angeln, versteckte Buchstaben finden, fliegende Buchstaben fangen, Dosenbuchstaben treffen, zwischendurch Buchstaben essen ... Dieser Nachmittag vergeht für alle buchstäblich zu schnell! Denn schon kommen die Mamas, Papas, Geschwister, Omas und Opas in den Garten, um die Kinder abzuholen. Aber nicht sofort! Nein! Erst wird noch ein bisschen weitergefeiert und dann gibt es auch noch eine Überraschung!

Während die Erwachsenen und die Geschwisterkinder miteinander reden, spielen und essen, sind die Vorschüler zusammen mit Neles Mama heimlich im Haus verschwunden. Auf der langen Bank im Flur stehen dicht an dicht ihre neuen Schulranzen. Einer ist so schön wie der andere ... und proppenvoll! Denn in jedem stecken all die vielen Sachen, die jedes Kind im Laufe der Zeit hier in der Villa Wandel selbst gemalt, geformt, gebastelt und genäht hat. Und die dürfen sie nun alle mit nach Hause nehmen. Aber ... stopp! Zuerst kommt doch noch die Überraschung!

Neles Mama öffnet die Tür und ruft laut in den Garten: „Achtung! Achtung! Hier kommt die Vorschulkinderparade!" Das war das Zeichen!

Hintereinander laufen sie in den Garten, Jakob, Pia, Heiner, Jule, Max, Katharina, Valentin, Marla, Timo, Anna, Finn, Nele, Florian und Emma. Und jeder hat seinen Ranzen auf dem Rücken und etwas Großes, Buntes in der Hand. Vor Ingrid und den anderen Erzieherinnen bleiben sie stehen und warten, bis es still wird.

Neles Mama nimmt ihre Gitarre, spielt ein paar Akkorde, und schon legen sie los und singen aus vollem Hals:

„Danke, danke, für die Zeit!
Doch nun ist es schon so weit,
wir wollen in die Schule gehen
und sagen euch Auf Wiedersehen!"

Bei den Worten „Auf Wiedersehen" schnellen vierzehn Hände in die Höhe, jede Hand hält einen Buchstaben, und nun kann man es auch groß und deutlich lesen:

Alle klatschen begeistert. Und weil es so schön war, müssen sie ihr Lied gleich noch einmal singen.
Ingrid findet als Erste die Worte wieder. „Vierzehn wunderschöne Holzbuchstaben!", ruft sie. „Und sie versprechen uns, dass wir euch wiedersehen!"
Beim Nachhauseweg ist Heiner etwas nachdenklich. Obwohl er sich sehr auf die Schule freut ... irgendwie ist es doch schade, dass er nun nicht mehr in den Kindergarten gehen kann. Aber jetzt sind ja sowieso erst einmal Sommerferien. Heiner greift in seine Hosentasche und fühlt darin den Fisch mit dem H drauf. H ... wie Heiner und wie ... HURRA! Denn nichts ist schöner als Sommer ... außer vielleicht noch Weihnachten!

Omas Kinderkrimskramskiste

Früher, als Emma noch klein war, wollte sie nie bei ihren Großeltern übernachten. Aber jetzt, wo sie bald zur Schule kommt, ist das ganz anders! Emmas Mama und Papa wollen mal „Urlaub vom Alltag" machen, und deshalb macht Emma Urlaub bei Oma und Opa.

Ihre Mama bringt sie mit dem Auto hin. Als sie aussteigen, kommen ihnen die beiden schon durch den Garten entgegen. Und sie staunen nicht schlecht, als sie sehen, was Emma alles dabeihat: Eine Reisetasche, die hält Mama. Einen Rucksack, den trägt Emma vor dem Bauch, weil auf dem Rücken kein Platz mehr war. Denn da hängt ihr neuer Schulranzen. An ihrem rechten Arm baumelt noch ein Beutel. Und Zusel, ihre rot getigerte Kuschelkatze, musste natürlich auch mit.

„Sag mal, Emma, wie lange bleibst du denn?", fragt Opa, nachdem sie sich begrüßt haben. „Mindestens zwei Tage!", verkündet Emma und hüpft hinter Oma her zur Gartenlaube, wo bereits der Kaffeetisch gedeckt ist.

„Da hast du dir einen sehr schönen Schulranzen ausgesucht und der Beutel passt genau dazu", meint Oma, als sie Emma das Gepäck abnimmt. „Ja", sagt Emma, „das ist mein Turnbeutel und ..." Sie kramt in ihrem Ranzen. „... das ist mein Mäppchen und ..." Sie kramt noch mal in ihrem Ranzen. „... mein Schlampermäppchen!" „Da schau an, ein Schlampermäppchen! Ist das für die Schlamper?", fragt Opa spitzbübisch.

„Nee! Das ist doch für die Malstifte!", erwidert Emma und setzt sich an den Tisch.

„Jetzt bist du schon so groß, Emma, und gar kein Kindergartenkind mehr", sagt Oma. „Hm", macht Emma, die den Mund voll mit leckerem Zitronenkuchen hat. Und dann erzählt sie vom letzten Tag im Kindergarten, vom Buchstabenfest und vom Abschied.

„Soll ich euch das Abschiedslied mal vorsingen?", fragt sie. Klar soll sie das, gleich drei Mal hintereinander! Beim dritten Mal singen alle mit, und als Emmas Mama sich später verabschiedet, singt sogar sie: „Danke, danke für die Zeit! Doch jetzt ist es schon so weit, ich werde nun nach Hause gehen und sage euch Auf Wiedersehen!"

Die Großeltern und Emma lachen und winken dem Auto hinterher. „Weg ist sie!", sagt Emma und in ihrem Bauch drückt sie ein kleines, komisches Gefühl. Aber nur ganz kurz! Denn schon nimmt ihre Oma sie bei der Hand und sagt: „Komm, Emma, ich will dir was zeigen!"

Die beiden gehen ins Haus, vorbei an der Küche, am Wohnzimmer, an Opas Arbeitszimmer und die Treppe hinauf. Emma wird immer aufgeregter. Ob Oma wohl eine Überraschung für sie hat? Vielleicht in Mamas altem Zimmer, wo sie heute Nacht schläft? Nein! Oma öffnet die schmale Tür zum Dachboden und führt Emma die steile Holztreppe hinauf.

Hier oben war sie erst einmal, und zwar im Winter, als Mama ihre Schlittschuhe gesucht hat. Damals war es hier ziemlich kalt und düster. Heute ist es schön warm und die Sonne scheint hell durch die Dachfenster.

Vor einer großen, alten Kiste bleibt ihre Oma stehen. Jetzt lässt sie Emmas Hand los, und während sie den Deckel öffnet, sagt sie: „Das ist meine Kinderkrimskramskiste. Und jetzt zeige ich dir mal was!" Sie kniet sich hin und kramt in der Kiste. Neugierig beugt auch Emma sich nun darüber und … staunt!

Was da alles drinliegt! Bunt gemusterte Schächtelchen und Schachteln, verbeulte Blechdosen, ein abgegriffener gelber Teddy, ganz kleine Schnürstiefelchen, eine grüne Lederhose, eine nackige Babypuppe, alte Bilderbücher, eine verbogene Prinzessinnenkrone, ein einäugiger Plüschaffe ...
„Ha! Da ist er!", ruft Oma und holt ein zerknautschtes, dunkelbraunes Teil aus der Kiste, an dem zwei Riemen herunterhängen. „Das war mein Schul-

ranzen!", verkündet sie und streicht über das Leder. „Damals waren sie noch aus Leder, ohne bunte Muster und Lichtreflektoren. Sie hatten auch keine Innenfächer oder Seitentaschen und die Verschlüsse waren auch nicht so praktisch wie heute. Meistens war ich zu faul, sie zuzumachen, und wenn ich dann gerannt bin, fiel öfter mal was aus dem Ranzen heraus. Zum Beispiel mein Griffelkasten, und wenn die Griffel dann zerbrochen waren, gab's Schimpfe!"

„Was ist denn ein Griffelkasten?", fragt Emma. Ihre Oma lächelt und antwortet. „So was Ähnliches wie dein Schlampermäppchen. Hier! Das ist einer." Sie hat ein schmales, längliches Holzkästchen aus dem Ranzen geholt und reicht es Emma. „Mach ihn mal auf. Ich glaube, da sind sogar noch Griffel drin." Emma schiebt den Holzdeckel zur Seite. Er klemmt ein wenig, doch sie schafft es. Innen sind zwei Fächer und in einem liegt tatsächlich noch ein zerbrochener grauer Griffel. „Und wozu waren die Griffel?", will Emma wissen.

„Damit habe ich geschrieben, und zwar hier drauf!", erklärt ihre Oma und holt eine alte Schiefertafel aus dem Ranzen. „Dabei quietschten die Griffel manchmal fürchterlich", erinnert sich ihre Oma. „Und siehst du ...", sie zeigt auf eine dünne Schnur, die an der Tafel herunterhängt, „hier war auch noch ein Schwamm dran festgebunden, doch der ist schon lange ab." „Und wozu brauchtest du den?", erkundigt sich Emma.

„Um das Geschriebene wieder wegzuwischen", antwortet ihre Oma. Dann kichert sie und sagt: „Die Buben brauchten die Schwämme allerdings eher für ihre Lausbubenstreiche! Stell dir vor, sie haben die Schwämme einfach abgerissen, nass gemacht und uns Mädchen heimlich in die Jackentaschen gesteckt.

Huh, war das ein Gefühl, wenn man ahnungslos seine Hand hinein steckte und da war solch ein nasses Ding drin! Aber ... wir haben uns gerächt!" „Und wie?", fragt Emma gespannt und macht es sich auf dem Boden bequem. Ihre Oma erzählt weiter: „Weil wir Mädchen viel besser schreiben konnten als die Jungs, haben wir öfter mal Buchstaben von deren Tafeln weggewischt und dafür andere hingeschrieben. Wenn einer von ihnen dann vorlesen sollte, schaute er schön dumm drein. Denn da stand nun lauter Unsinn." „Was denn?", fragt Emma weiter. Ihre Oma denkt nach und meint: „So genau weiß ich das nicht mehr. Vielleicht haben wir aus ‚Sonne' ‚Tonne' gemacht oder aus ‚Mutter' ‚Butter' oder aus ‚Tau' ‚Sau'." Jetzt muss Emma lachen. „Erzähl weiter!", sagt sie.

Doch im nächsten Moment ruft ihr Opa nach ihnen. „Ooch!", schmollt Emma. Sie will viel lieber noch hier oben bleiben! Ihre Oma richtet sich wieder auf. Sie steckt die Tafel und den Griffelkasten in den Ranzen und sagt: „Den nehmen wir mit runter und morgen darfst du an Opas Schreibtisch auf meiner Tafel schreiben. Das kannst du doch schon, oder?" „Klar!", sagt Emma, denn sie kann schon lange ihren Namen und sogar noch MAMA und PAPA schreiben!

Emmas Oma macht die Kinderkrimskramskiste wieder zu. Dann hängt sie Emma den Ranzen um und sagt: „Komm, Opa wartet mit dem Abendessen auf uns. Danach will er mit dir die Hasen füttern und später wollen wir doch auch noch ‚Mensch ärgere Dich nicht' spielen! Aber wir haben noch jede Menge Zeit, denn du bleibst ja diesmal zwei Tage bei uns!"

„MINDESTENS zwei Tage!", denkt Emma und in ihrem Bauch kribbelt ein ganz, ganz großes Freudengefühl!

Blaumasern

Am nächsten Morgen verschwinden Emma und ihr Opa gleich nach dem Frühstück im Arbeitszimmer. Kuschelkatze Zusel ist natürlich auch dabei. Auf dem großen, alten Schreibtisch liegt schon die Schiefertafel bereit und der Griffelkasten steht geöffnet daneben. „Na, dann setz dich mal und zeig mir, wie du schreiben kannst", sagt Emmas Opa. Sie klettert auf den Drehstuhl. Das ist gar nicht so einfach, weil er sich immer wegdreht.

Aber ihr Opa hält ihn fest. „So!", sagt Emma, als sie und Zusel endlich sitzen, und klatscht beide Hände auf den Schreibtisch. Dann nimmt sie das längere Stück vom zerbrochenen Griffel und beginnt zu schreiben. Das fühlt sich komisch an. Alles ist so glatt und irgendwie anders als mit Bleistift auf Papier. Doch Emma gewöhnt sich schnell daran und schon bald gleitet der Griffel mühelos über die Tafel. Ihr Opa schaut zu und hält sich dabei die Ohren zu, denn es quietscht manchmal fürchterlich. „Das musst du später unbedingt Oma zeigen!", sagt er freudig und Emma schreibt munter weiter. „So!", sagt sie nach einer Weile. Auf der Tafel ist kein Platz mehr. Sie ist voll mit EMMA, MAMA und PAPA. Emma legt den Griffel weg und schaut sich auf dem Schreibtisch um. „Was ist das da Komisches?", fragt sie ihren Opa und deutet auf ein dunkelblaues Gefäß. „Das ist ein Tintenfass", antwortet er. „Und das hier ist ein Federhalter. Damit hat mein Vater, also dein Uropa, noch geschrieben." „Hatte der keine Tafel?", will Emma wissen. „Doch. Auch er hat auf einer Tafel schreiben gelernt. Aber später schreibt man mit Tinte. Das wirst du auch mal machen", sagt ihr Opa.

Der Federhalter gefällt Emma. Er ist zwar alt, aber er hat ein schönes, marmoriertes Muster. „Ich hatte keinen Federhalter mehr, sondern schon einen Füllfederhalter", sagt ihr Opa und holt einen schwarzen Füller aus einer kleinen Schublade. „Früher gab es noch keine Tintenpatronen", erklärt er, „sondern man musste die Feder in das Tintenfass halten, und wenn man hinten drehte – schlupp! –, zog es die Tinte in den Füller hinein!" Er gibt Emma den Füller und sie begutachtet ihn gründlich.

In diesem Augenblick steckt ihre Oma den Kopf zur Tür herein und sagt: „Karl, kommst du bitte mal ans Telefon!"

Ihr Opa geht hinaus und Emma und Zusel bleiben allein im Arbeitszimmer zurück. Den Füller hat sie immer noch in der Hand. „Ob ich das schon kann?", denkt sie. „Ich probiere es einfach!" Sie nimmt sich ein großes Blatt Papier und fängt an zu schreiben. Aber kein einziger Buchstabe ist zu sehen. Sie drückt etwas mehr auf ... und noch etwas mehr, bis die goldene Feder sich spreizt. „Hm, da muss Tinte rein!", sagt sie zu Zusel und greift nach dem Tintenfass. So was Dummes ... ihre Arme sind zu kurz! Sie kniet sich auf den Stuhl. So!

„Was hat Opa gesagt? ... Die Feder in die Tinte halten ..." – Emma taucht den Füller tief in das Tintenfass – „... und dann hinten drehen!" Doch da tut sich nichts. Emma versucht es wieder. Sie streckt ihre Zungenspitze raus. Das macht sie immer, wenn sie sich konzentriert, und das muss sie jetzt! Denn der Füller soll ja vorne im Tintenfass stecken bleiben, wenn sie hinten dreht! Emma strengt sich an. Sie schraubt mit aller Kraft und ... jetzt dreht sich was! Aber nicht am Füller ... der Drehstuhl dreht sich! Emma wackelt, das Tintenfass kippt um ... und im Nu breitet sich ein blauer See vor ihr aus! Oje! Gleich hat er die Schreibtischkante erreicht. Oh nee! Emma muss die Tinte aufhalten! Sie soll nicht auf den Teppich tropfen! Schnell grapscht sie nach Zusel und drückt die Kuschelkatze auf den Fleck. So! Das ging noch mal gut!

„Da bin ich wieder!", sagt Emmas Opa und macht die Tür hinter sich zu. Emma zuckt zusammen. Blitzschnell packt sie Zusel und lässt sie in den Papierkorb fallen, der neben dem Schreibtisch steht.
„Ach, du liebe Güte! Was ist denn hier passiert?", ruft ihr Opa. „I...ich ... woll...te ... deinen ...", stottert Emma und rutscht vom Stuhl herunter.
„... Füller auffüllen!", sagt er. „Das ist sehr nett von dir, Emma, aber auch

seeehr schwierig! Das gute alte Stück klemmt nämlich." „Das hab ich gemerkt", meint Emma kleinlaut. „Aber alles halb so schlimm!", sagt ihr Opa und lacht schon wieder. „Die meiste Tinte ist auf dem Papier, und da gehört sie ja auch hin!" Vorsichtig nimmt er das Papier vom Tisch, knüllt es leicht zusammen und will es in den Papierkorb werfen.

„Nanu! Wen haben wir denn da?", ruft er erstaunt und fischt mit spitzen Fingern die rot getigerte, blau gefleckte Kuschelkatze aus dem Korb. „Was hat Zusel denn angestellt, dass sie im Papierkorb liegen muss?", fragt er verwundert. „Gar nichts!", erwidert Emma und nimmt ihm ihre Kuschelkatze wieder weg. „Zusel ist krank. Sie hat … äääh … sie hat … die Blaumasern!", sagt sie schnell. „Soo, soo!", sagt ihr Opa ernst. Er beugt sich zu Emma herab, nimmt ihre blau verschmierten Hände in seine und meint mit sorgenvoller Miene: „Und du hast dich auch schon angesteckt!" Emma schaut ihn an … er schaut sie an … und nun müssen beide laut lachen.

Als ihre Mama Emma am dritten Tag wieder abholt, wartet sie schon reisefertig am Gartentürchen. Im rechten Arm hält sie Zusel, die, im Gegensatz zu Emma, immer noch ein paar Blaumasern hat. Zu ihren Füßen steht die Reisetasche, vor dem Bauch hängt ihr Rucksack und auf dem Rücken trägt sie wieder ihren Schulranzen. Aber aus dem Ranzen hängt jetzt eine dünne Schnur, an der ein kleiner, gelber Schwamm baumelt, und der gehört zur alten Schiefertafel, die Emmas Oma ihr mitsamt dem Griffelkasten geschenkt hat!

Richtige Schulkinder

Wie jedes Jahr sind die Sommerferien wunderbar lang. Doch diesmal dauern sie einfach zu lange! Aber so ist das immer, wenn man auf etwas Schönes wartet. Und das tun die Vorschulkinder, denn sie können es nun kaum mehr erwarten, richtige Schulkinder zu werden!

Endlich! Endlich ist es so weit! Der große Tag der Einschulung ist da! Deshalb sind an diesem Morgen nicht nur Schüler und Lehrer in der Schule, sondern auch Omas, Opas, Mamas, Papas, Geschwister, Onkel, Tanten und jede Menge Kinder, die ihre großen Schultüten stolz vor sich her tragen.

Sie gehen in den Festsaal, wo an diesem Morgen die Feier stattfinden soll. Eine extra Feier für die neuen Schulkinder, und das sind nicht nur die vierzehn der Villa Wandel. Auch noch andere Vorschulkinder sind gekommen, um ab heute hier in die Schule zu gehen.

Im Saal sind viele Stühle reihenweise aufgestellt, und nach einiger Zeit haben alle Platz genommen, die Schultütenkinder ganz vorne in der ersten Reihe, dahinter die Erwachsenen und die Geschwisterkinder. Nun warten sie alle aufgeregt auf das, was kommt.

Zuerst kommt der Rektor. Er leitet die Schule und ist der oberste Chef. Als er die Stufen zur Bühne hochsteigt, verstummt auch das letzte Gemurmel im Saal. Der Rektor blickt freundlich in die Runde, und gerade, als er den Mund öffnet, um etwas zu sagen, hört man eine Kinderstimme rufen: „Hey, die sieht ja genauso aus wie Omas alte Schiefertafel!" Es ist Emma. Sie hat sich hingestellt und zeigt begeistert auf eine große Tafel, die auf der Bühne steht. Emmas Mama macht „Psst!". Doch das nützt nichts mehr, denn schon geht ein Kichern durch die Reihen und auch der Rektor lacht. Er wendet sich an Emma und sagt: „Richtig! Das ist eine alte Schultafel. Weißt du auch, was da drauf geschrieben steht?" Emma schüttelt den Kopf.

„WILLKOMMEN!", sagt der Rektor in das Mikrofon. „Herzlich willkommen in der Südstadtschule!"

Dass die neuen Schulkinder wirklich willkommen sind, kann man an vielem erkennen: Die Bühne ist festlich geschmückt, und nachdem der Rektor eine kurze Rede gehalten hat, singt der Schulchor für die Gäste und ein Mädchen spielt auf dem Klavier. Der Höhepunkt der Feier jedoch ist das Theaterstück, das die Theatergruppe extra für den heutigen Tag einstudiert hat. Es ist sehr lustig. Immer wieder lacht der ganze Saal und am Ende gibt es einen Riesenapplaus.

Danach zeigt die Schulband, was sie kann, und dann betritt eine Lehrerin die Bühne und mit ihr eine große Gruppe älterer Schüler und Schülerinnen. Jeder hält in der Hand ein buntes Band, an dem etwas baumelt. Was das genau ist, können die Kinder nicht erkennen, auch wenn sie noch so sehr ihre Köpfe nach vorne strecken.

Doch jetzt heißt es ohnehin noch einmal zuhören, denn die Lehrerin steht am Mikrofon und sagt: „Liebe Kinder der ersten Klasse! Ich heiße Antje Fuchs und bin eure Lehrerin. Wir werden nun gemeinsam durch das erste Schuljahr gehen, und darauf freue ich mich schon sehr! Das hier sind eure Schulpaten. Jeder von euch hat einen. Die Schulpaten sind für euch da, wenn ihr sie braucht. Sie gehen euch sozusagen zur Hand. Und jetzt nehmen sie euch an die Hand und begleiten euch durch das Schulgebäude bis zu unserem Klassenzimmer. Aber vorher wollen sie euch noch etwas schenken!"

Nachdem die Lehrerin das gesagt hat, geht ein Schulpate nach dem anderen zu einem Erstklässler hin und hängt ihm ein buntes Band um den Hals. Nun kann auch jedes Kind sehen, was daran baumelt. Es ist eine kleine Hand aus Pappe. Auf dieser klebt ein Foto vom Schulpaten und darunter steht sein Name.

Dann verlassen sie stolz den Saal ... 23 richtige Schulkinder, an einer Hand den großen Schulpaten und in der anderen die große Schultüte. Und diesmal gibt es den Applaus für sie!

Der stille Fuchs

Florian geht neben Felix, so heißt sein Schulpate. Auf dem Weg zum Klassenzimmer fragt er Florian alles Mögliche: wo er wohnt, ob er Geschwister hat, was er gerne macht, ob er Freunde hat und ob er sich auf die Schule freut. Danach erzählt er auch ein wenig von sich, dass er schon in der sechsten Klasse ist, dass er gerne Gitarre spielt ... aber weiter kommt er nicht. Denn schon bleibt er vor einer offenen Tür stehen.
„So, das hier ist euer Klassenzimmer!", sagt er. „Ich muss jetzt in den Unterricht. Aber morgen früh warte ich vorm Eingang auf dich und bringe dich wieder her. Also dann viel Spaß bei der ersten Schulstunde und tschüs, bis morgen, Florian!" „Tschüs!", sagt Florian. Doch als Felix gerade gehen will,

hält er ihn zurück und meint: „Du kannst ruhig Flo zu mir sagen. Das macht Finn auch, und der ist mein Freund, und das bist du jetzt doch auch, oder?" „Klar!", sagt Felix und lächelt. „Also dann tschüs … FLO!"

Florian geht ins Klassenzimmer, bleibt aber gleich wieder stehen und hält Ausschau nach Finn, denn einige Kinder sitzen bereits an ihren Plätzen. Doch im nächsten Moment kommen auch schon alle anderen in den Raum. Sie drängeln an Florian vorbei und schubsen sich zwischen den Tischreihen hindurch, dass man meinen könnte, sie hätten Angst, keinen Platz mehr zu bekommen. Aber das ist es nicht, sie wollen einen ganz bestimmten Platz bekommen!

Es sind nämlich immer zwei Tische zusammengestellt, sodass vier Kinder zusammensitzen können. Und natürlich will jeder neben jemand sitzen, den er kennt und mag. „Hey, Flo, hier!", ruft es da von der hinteren Reihe. Es ist Finn, der Florian zu sich winkt. Freudestrahlend läuft er hin und lässt sich erleichtert auf den freien Stuhl neben seinem Freund fallen. „Phhh! Ist das ein Gewusel!", sagt er. „Ich hab dich gar nicht gleich gesehen. Bist du schon länger hier?" „Ich war bei den Ersten", antwortet Finn, „deshalb haben wir jetzt den Superplatz am Fenster!"

„Weißt du was … mein Pate heißt Felix!", beginnt Florian zu erzählen. „Das ist der, der vorhin in der Band E-Gitarre gespielt hat. Morgen will er unten auf mich warten und mein Freund ist er auch, hat er gesagt. Jetzt hab ich zwei Freunde mit F!" „Cool!", sagt Finn. „Und wer ist das neben uns?", flüstert Florian. „Weiß ich nicht", antwortet Finn, „die beiden sind bestimmt vom anderen Kindergarten. Sie wollten auch an diesen Tisch. Aber ich war schneller!" „Wie heißt du?", fragt Florian den Jungen, der rechts neben ihm sitzt. Doch der macht nur: „Pssst!"

Jetzt erst bemerken Finn und Flo, dass es in der Klasse immer stiller geworden ist und alle Kinder nach vorne schauen. Dort vor der Tafel steht Frau Fuchs, die inzwischen auch in die Klasse gekommen ist. Sie hält den Zeigefinger der linken Hand vor den Mund, und mit der rechten macht sie eine Figur, die aussieht wie ein Tier mit spitzer Schnauze und spitzen Ohren. Als es ganz still geworden ist, sagt sie: „Schön, dass ihr alle da seid! Und wie schön die vielen Schultüten aussehen, die vor euch auf den Tischen liegen! Doch nun will ich euch jemand vorstellen, und zwar meinen Freund, den stillen Fuchs!"

Sie schaut auf ihre rechte Hand, die tatsächlich wie ein Fuchs aussieht. „Er hilft mir immer, wenn es zu laut wird, und das Tolle ist ... er hat ganz viele Freunde. Die leben ab jetzt bei euch! Ihr müsst nur den Mittelfinger und den Ringfinger auf den Daumen legen ... das ist die Schnauze. Dann streckt den kleinen und den Zeigefinger in die Höhe ... das sind die Ohren, und fertig ist euer Fuchs!" Sofort machen es ihr alle Kinder nach, und weil es so einfach ist, hat der Fuchs von Frau Fuchs im Handumdrehen 23 kleine Freunde bekommen!

„Das klappt ja prima!", sagt sie freudig. „Seht ihr, nun habt ihr heute schon eines gelernt: Wir fangen immer erst an, wenn es FUCHS-mäuschen-still ist!" „Hihi, fuchsmäuschenstill", kichert Finn. „Pst!", macht Florian. Denn nun bittet Frau Fuchs ein Mädchen aus der ersten Reihe an die Tafel und fragt: „Du bist die ...?" „Finja", antwortet sie leise. Frau Fuchs gibt ihr ein Stück Kreide und sagt: „Schreib bitte deinen Namen an die Tafel, und dann sag ihn noch mal ganz laut, damit wir dich alle begrüßen können!" Sogleich steht FINJA in wackeligen Buchstaben an der Tafel, und als das Mädchen laut „Finja" ruft, ist es Flo, der jetzt kichert: „Hihi, Finja ... Finn und Finja!", sagt er. „Blödmann!", zischt Finn ärgerlich und knufft seinen Freund blitzschnell in die Seite. Dabei guckt er ganz unschuldig nach vorne und grölt mit den anderen zusammen: „Hallo Finja!" Dann kommt das nächste Mädchen dran, es heißt Leni. „Hey, wie meine Schwester!", flüstert Finn und der kleine Streit ist vergessen. So geht es immer schön der Reihe nach weiter, und bald wissen die 14 Villa-Wandel-Kinder, dass sie mit Finja, Konrad, Simona, Hanna, Leni, Resul, Elias, Marie und Johannes zusammen in einer Klasse sind. Und Florian weiß jetzt auch, dass er neben Konrad sitzt.

Als alle 23 Namen an der Tafel stehen, bekommt jedes Kind ein blaues Heft von Frau Fuchs. Vorne drin liegt der Stundenplan für eine Schulwoche. „Wir beginnen jeden Morgen pünktlich um acht Uhr!", sagt Frau Fuchs. „In den kommenden Tagen habt ihr nur am Vormittag Unterricht und ab nächster Woche auch einmal am Nachmittag. Den Stundenplan gebt bitte euren Eltern. Und wenn ihr jetzt in euren Heften mal die erste Seite aufschlagt, seht ihr dort drei kleine rote Punkte, zwei oben und einen unten. Diese Punkte sollt ihr nun mit einem Stift verbinden."

Sofort kramen alle in ihren Schulranzen, um ihre Mäppchen herauszuholen. Sie fangen an, die Punkte zu verbinden, und nicht nur das ... sie fangen auch an zu plappern, zu lachen und herumzuzappeln, sodass sie gar nicht hören, was Frau Fuchs gerade gefragt hat. Schwupp! – schon taucht ihr stiller Fuchs auf.

Finja sieht ihn zuerst. Sie hört auf zu reden, macht mit ihren Fingern einen kleinen Fuchs und streckt ihn in die Höhe. Das machen nun auch Marla, Pia, Jule, und je mehr Füchse erscheinen, umso stiller wird es im Klassenzimmer. Frau Fuchs lächelt und stellt ihr Frage noch einmal: „Was ist denn das, was ihr da eben gezeichnet habt?" Wie der Blitz schnellen 23 Arme in die Höhe, denn natürlich wissen alle, dass das eine Schultüte sein soll. Und dann bekommen sie sogar schon ihre erste Hausaufgabe, nämlich bis morgen die Schultüte bunt anzumalen!

„Und nun hätte ich gerne noch ein paar schöne Schultütenfotos von euch!", ruft Frau Fuchs, die bereits ihre Kamera in der Hand hält. Sie macht ein Foto nach dem anderen von den Erstklässlern. Mal sitzend, mit den Schultüten auf den Tischen, mal zu zweit oder zu dritt stehend, mit den Tüten im Arm, und dann möchte sie auch noch eines von allen zusammen. Doch als sie sich endlich so aufgestellt haben, dass die Großen hinten und die Kleinen vorne vor der Tafel stehen, macht es „Dingg-danggdonggg!". Jetzt strecken auch schon die ersten Eltern ihre Köpfe zur Tür herein und im Nu löst sich die schöne Fotoaufstellung wieder auf.

„Bis morgen, Kinder!", ruft Frau Fuchs ihnen nach, als sie hinausstürmen. Dass sie das letzte Foto nun nicht mehr machen konnte, ist gar nicht schlimm. Ganz im Gegenteil! „Das wird nachgeholt!", denkt sie. Und sie weiß auch schon, wann und wie!

Eine riesengroße Überraschung

„Das war eine sehr schöne Einschulungsfeier, findest du nicht auch?", fragt Jules Mama und schaut zu Jules Papa hinüber, der am Steuer sitzt. Er hat heute extra frei genommen. „Ja, das war wirklich schön!", antwortet er. Dann schaut er im Rückspiegel kurz zu Jule, die mit ihrem kleinen Bruder Jonas hinten im Auto sitzt, und fragt: „Wie hat es dir denn gefallen, Jule?" Doch er bekommt keine Antwort. Jule ist viel zu sehr mit dem Inhalt ihrer Schultüte beschäftigt.

Kaum dass sie im Auto saß, konnte sie es nicht mehr erwarten und hat sie aufgebunden. Nun fischt sie eine Überraschung nach der anderen heraus. Ein kleines Spiel, ein paar Süßigkeiten und eine Haarspange mit einer winzigen Schultüte drauf sind bereits zum Vorschein gekommen. Gerade zeigt sie Jonas die Haarspange, als ihr Papa noch einmal nachfragt: „Jule ...?!" „Hm?", kommt es von hinten. „Wie hat dir denn die Feier gefallen?" „Gut, richtig gut, supergut!", antwortet Jule und hört auf, in der Schultüte zu kramen.

„Das lustige Theater und die Lieder und die Klavierspielerin ... habt ihr die gesehen? Das ist meine Schulpatin! Sie heißt Laura und geht schon in die fünfte Klasse. Und unsere Lehrerin ... Ähm ... wie heißt sie noch mal?" „Futz!", sagt Jonas. „Sie heißt FUCHS!", sagt Jule und lacht. „Unsere Lehrerin hat Haare wie ein Fuchs, so rot und wuschelig!" „Findest du sie nett?", will Jules Mama wissen. „Ich weiß noch nicht, ich glaube schon", erwidert Jule. „Die Laura, die ist aber auf jeden Fall nett. Sie hat mir versprochen, dass sie morgen vor der Schule auf mich wartet und mich ins Klassenzimmer begleitet. Ich glaube, das machen alle Schulpaten, und das finde ich VOLL nett!"

„Oh, schöön!", ruft Jonas begeistert und hält einen dicken Regenbogenstift hoch. „Hey, du sollst nichts aus der Schultüte holen! Das sind MEINE Sachen!", schimpft Jule und nimmt ihm den Stift wieder weg. Dann stopft sie alles zurück in die Tüte, macht sie zu und drückt sie mit beiden Armen fest an sich. Jonas fängt an zu weinen. „Nur noch drei Jahre, dann darfst du auch zur Schule und bekommst eine Schultüte!", tröstet ihn seine Mama. „Und nur noch drei Minuten", sagt Jules Papa fröhlich, „dann sind wir zu Hause und bekommen ..." „Psst! Nichts verraten!", unterbricht ihn Jules Mama. Jetzt sind Jonas und Jule aber richtig neugierig geworden. Kaum sind die beiden aus dem Auto gestiegen, rennen sie zum Haus. Ihre Mama kann gar nicht schnell genug die Tür aufschließen, schon drängen sie hinein. Komisch, warum riecht es im Flur nach Kaffee? Jule und Jonas stürmen ins Esszimmer, und was sie nun sehen, das hätten sie nicht erwartet. Der Tisch ist mit Blumen und Girlanden geschmückt und mittendrauf steht ein großer Kuchen mit Schokoladenguss. Doch die eigentliche Überraschung steht um den Tisch herum: Oma Edith, Oma Hanna, Opa Hermann und Doris,

Jules Patentante und ihre Lieblingstante überhaupt! Sie sind alle gekommen, um Jules Einschulung zu feiern, und sie freut sich so sehr, dass sie jeden erst einmal fest umarmen und drücken muss.

„Ihr habt mir nicht das klitzekleinste bisschen verraten!", sagt Jule zu ihren Eltern. „Nee!", meint ihr Papa und lacht. „Sonst wäre es ja keine riesengroße Überraschung mehr gewesen!"

Dann setzen sich alle um den Tisch, und nun entdeckt Jule erst die kleinen Geschenkpäckchen, die dort zwischen den Girlanden liegen. „Sind die für mich?", fragt sie. Die beiden Omas, ihr Opa und Doris sagen wie aus einem Mund: „Ja!" „Und was ist das da?", fragt Jonas und zeigt auf die bunte Papiertüte, die in der Mitte des Schokoladenkuchens steckt. „Das ist auch eine Schultüte", antwortet seine Mama. Sie gibt Jonas die kleine Tüte und sagt: „Die ist für dich!" Jetzt ist die Freude groß. In der kleinen Tüte steckt nämlich genau derselbe dicke Regenbogenstift, den Jule auch bekommen hat, und dazu noch ein kleines Auto und ein paar Süßigkeiten.

Inzwischen hat Jule alle Geschenke ausgepackt und macht gleich ihre Runde, um sich bei allen zu bedanken: Bei Oma Edith für das Notizbüchlein mit dem schönen Umschlag ... das kommt nachher zu dem blauen Schulheft in den Schulranzen! Bei Oma Hanna für das kleine Mäppchen und den Zehn-Euro-Schein ... den will sie für ihre neuen Inliner in die Spardose stecken! Bei Opa Hermann für den kleinen Wecker ... der kommt gleich heute Abend auf ihren Nachttisch!

Und bei Doris für den Wasserfarbenmalkasten und das wunderschöne Armband aus winzigen Holzbuchstaben. Das wird sie jetzt jeden Tag tragen, wenn sie zur Schule geht!

„Und was hast du alles in deiner Schultüte?", will Doris wissen. Oh, die Schultüte ... die hat Jule beinahe vergessen! Nacheinander holt sie das kleine Spiel, die Haarspange, den Regenbogenstift, einen blau glitzernden Anspitzer, einen Radiergummi, eine kleine Packung bunt gemusterter Papiertaschentücher und die Süßigkeiten heraus und legt alles zu den anderen Geschenken.

„Boah, so viele Sachen, das ist ja fast wie Geburtstag!", jubelt sie.
Dann schaut sie zu Oma Hanna und fragt erwartungsvoll: „Bleibt ihr auch ein bisschen?"

Ihre Oma beruhigt sie. „Ja, Julchen, wir bleiben ein paar Tage, damit sich die lange Reise richtig lohnt!" „Juhu!", jubelt Jule und Jonas klopft mit seinem Regenbogenstift auf die weiße Tischdecke. Oh! Das gibt lauter bunte Punkte.

„Ich glaube, das sind jetzt genug Freudenpunkte!", sagt Oma Edith leise zu ihm. Sie nimmt ihm sanft den Stift aus der Hand und gibt ihm dafür einen kleinen Löffel. Sofort klopft Jonas damit weiter. Jule macht auch gleich mit, und weil das nicht nur Kinder mögen, klopfen bald alle ausgelassen mit ihren Kuchengabeln im Takt dazu. Als Jules Papa dann auch noch anfängt zu singen: „Jule darf zur Schule gehn! Schulanfang ist wunderschön!", stimmt jeder begeistert mit ein, und für eine Weile scheint es, als ob um den Tisch lauter fröhliche Kinder sitzen.

Die Brezel-Oma

Jakobs Papa steht jeden Morgen sehr früh auf. Er braucht die Ruhe am Morgen, sagt er immer. Aber heute ist nichts mit Ruhe, denn als er ins Bad geht, brennt dort schon Licht und Jakob steht unter der Dusche.
„Nanu, Jakob, was machst du denn schon hier?", fragt sein Papa.
„Duschen!", kommt die Antwort hinter dem Duschvorhang.
„Das sehe ich, aber, du meine Güte, warum denn schon so früh?", fragt sein Papa.
Jetzt zieht Jakob den Vorhang zur Seite und antwortet aufgeregt: „Damit ich nicht zu spät zur Schule komme. Frau Fuchs hat gesagt, dass wir pünktlich sein müssen.

Und du musst mich noch zu Oma bringen, weil die mich doch zur Schule bringt, weil du doch zur Arbeit musst, und frühstücken muss ich noch und Pausenbrote brauche ich auch. Fängt die Schule wirklich um acht Uhr an? Bitte, Papa, schau noch mal nach." „Ganz ruhig, Jakob!", beruhigt ihn sein Papa und trocknet ihm den Rücken ab. Als sie kurz darauf in die Küche gehen, zeigt er auf den Stundenplan, der dort am Kühlschrank hängt, und sagt: „Schau, hier steht acht Uhr, und bis dahin haben wir noch jede Menge Zeit!"

Doch wirklich ruhig ist Jakob deshalb trotzdem nicht. Während sein Papa das Frühstück macht, rennt er immer wieder in den Flur zu seinem Schulranzen. Hat er auch alles eingepackt, sein Mäppchen, sein Schlampermäppchen mit den vielen Farbstiften, den Anspitzer und das blaue Heft?

Er schlägt die erste Seite auf. Ja, die Hausaufgabe ist gemacht.

Gleich gestern Nachmittag hat er bei seiner Oma die Schultüte angemalt und dabei alle neuen Farbstifte ausprobiert. Sie sieht nun zwar etwas anders aus als seine, aber dafür ist sie richtig schön bunt! Jakob steckt das Heft wieder in den Ranzen. „Alles drin!", denkt er und macht ihn zu.

Aber gleich darauf schaut er schon wieder nach. „Das Pausenbrot!", ruft er. „Papa, du musst mir noch Brote machen!"
Erst als die gefüllte Trinkflasche

und die Box mit den Broten vor ihm auf dem Tisch stehen, ist Jakob zufrieden und kann frühstücken. Besser gesagt, er könnte frühstücken, wenn er auch nur einen Bissen herunterbekäme. So aufgeregt ist er. „Dann trink wenigstens deinen Kakao", sagt sein Papa. Das macht Jakob, aber nach ein paar Schlucken springt er vom Tisch auf. „Ich muss noch mal!", sagt er und rennt zur Toilette.

Inzwischen räumt sein Papa den Tisch ab. „Hilf bitte mit!", ruft er in den Flur, wo Jakob bereits erneut zugange ist. Mit Anorak, Straßenschuhen, Schildkappe und dem Schulranzen auf dem Rücken kommt er in die Küche und räumt eilig das Geschirr in die Spülmaschine. So, fertig, jetzt aber los! „Zuerst noch Zähne putzen!", sagt sein Papa und schiebt Jakob vor sich her ins Bad. Bürste her, Zahncreme drauf, einmal links, einmal rechts, spülen, fertig! „Beeil dich!", ruft er seinem Papa zu und ist schon wieder aus dem Bad draußen.

„Freust du dich?", fragt Jakobs Papa, als sie etwas später im Auto sitzen. „Ja!", antwortet Jakob. „Das ist gut", meint sein Papa. „Ja, und Lars, mein Schulpate, hat mir verraten, dass es heute vor der großen Pause eine große Überraschung für alle Erstklässler gibt", erzählt Jakob weiter. Doch im nächsten Augenblick bekommt er einen Riesenschreck! Hat er gerade große Pause gesagt? Schnell öffnet er seinen Ranzen und kramt aufgeregt darin herum. „Keine Pausenbrote!", stellt er fest. „Wie, keine Pausenbrote?", fragt sein Papa. „Ich hab dir doch Brote geschmiert." „Ja", jammert Jakob, „aber die liegen zu Hause auf dem Tisch!" „Hm", macht sein Papa und dann beruhigt er Jakob: „Oma hat bestimmt was für dich, und wir beide haben dann heute Abend zu deiner restlichen Pizza von gestern noch feine Hasenbrote von heute!" „Hasenbrote?", fragt Jakob. „Ja", sagt sein Papa und lacht. „So nennt man die Brote, die schon ein bisschen älter sind."

Vor dem Haus seiner Oma verabschiedet sich Jakob von seinem Papa.

Er klingelt, stürzt ins Treppenhaus, und während er die Treppe hochrennt, ruft er: „Oma, ich hab kein Pausenbrot dabei!" „Kein Problem!", sagt seine Oma, die schon auf ihn gewartet hat, um ihn zur Schule zu bringen. Sie zieht ihre Jacke an und macht sich gleich mit ihm auf den Weg.

Jakob läuft neben ihr und berichtet, was er gestern noch alles gemacht hat, nachdem sein Papa ihn bei ihr abgeholt hat. Zuerst waren sie im Supermarkt beim Einkaufen und danach hatte sein Papa noch eine Überraschung für ihn. „Wenn ich am Morgen schon nicht bei der Schulfeier dabei sein konnte, will ich wenigstens am Abend mit dir feiern!", hat er gesagt und ihn zum Schulanfängerpizzaessen in ihre Lieblingspizzeria eingeladen.

„Das war echt toll!", schwärmt Jakob. „Ich hab meine Schultüte mit reingenommen. Da haben mir alle gratuliert und sich gefreut, und die Signora hat andauernd ‚Mamma mia!' gerufen, weil ich jetzt schon so groß bin. Sie hat mir sogar noch drei Kugeln Eis spendiert. Eigentlich war ich schon satt, aber Papa hat meine restliche Pizza eingepackt und mitgenommen. Die gibt's heute Abend zusammen mit meinem Pausen-Hasenbrot!"

„Jaja, Hasenbrot, das kenne ich auch", meint seine Oma und erinnert sich. Jetzt sind sie auch schon bei der Kreuzung mit dem kleinen Bäckerladen. Mmh, wie gut es hier duftet! „Guten Morgen, Frau Winter, wie immer ein Vollkorn- und ein Mohnbrötchen?", fragt die Verkäuferin. „Ja bitte, und ab heute auch immer noch eine Brezel für meinen frischgebackenen Schuljungen!", antwortet Jakobs Oma, und man kann hören, wie stolz sie auf ihren Enkel ist.

Als die beiden den Laden wieder verlassen, hat Jakob eine Brezel im Ranzen und eine in der Hand. „Das finde ich nett, dass die Frau mir zum Schulanfang eine Brezel geschenkt hat!", sagt er und beißt herzhaft hinein. „Schmeckt die Brezel?", fragt seine Oma, als sie weiterlaufen. „Hm, hm", macht Jakob mit vollem Mund. Er merkt erst jetzt, dass er richtig Hunger hat. Und noch etwas merkt er ... nämlich, dass er gar nicht mehr so aufgeregt ist!

Nicht lange, dann sind sie beim Schulgelände angelangt. „Da ist Lars!", sagt Jakob und winkt seinem Schulpaten zu, der ihm über den Schulhof entgegenkommt. „Na, dann bis heute Mittag", verabschiedet sich seine Oma. „Ich warte hier auf dich. Tschüs Jakob!" „Tschüs!", sagt Jakob und rennt auf Lars zu. Auf halber Strecke dreht er sich noch einmal um und ruft: „... und danke für die Brezel, Oma!" „Hallo Jakob!", begrüßt ihn Lars, und während sie zum Eingang gehen, meint er lachend: „Das ist ja witzig, dass du zu deiner Oma ,Brezel-Oma' sagst!" Jakob stutzt ... Brezel-Oma? Da hat Lars sich wohl verhört. Aber wenn Jakob es sich recht überlegt, stimmt es. Seit heute hat er eine Brezel-Oma!

Erste-Klasse-Kennenlernrallye

„Kinder, heute gibt es bis zur großen Pause keinen Unterricht, sondern eine Überraschung!", verkündet Frau Fuchs freudestrahlend nach der morgendlichen Begrüßung. Schon werden alle unruhig. Eine Überraschung! Was könnte das sein?

„Zuerst müssen wir Gruppen bilden!", ruft Frau Fuchs, und jetzt wird es richtig unruhig. Denn natürlich weiß jeder gleich ganz genau, mit wem er zusammen in eine Gruppe will. Doch wie gut, dass es den stillen Fuchs gibt! Schnell schafft er wieder Ruhe – und ruck, zuck hat Frau Fuchs sechs Dreiergruppen und eine Vierergruppe zusammengestellt. Das passt einigen zwar gar nicht so recht, doch das Murren hört gleich auf, als sie erfahren, wie es weitergeht. „Wir machen heute eine Kennenlernrallye!", sagt Frau Fuchs.

Sie gibt jeder Gruppe ein Foto und erklärt dabei das Spiel:
„Auf den Fotos sind verschiedene Orte abgebildet, die es in der Schule und auf dem Schulgelände gibt. Jede Gruppe hat ein anderes Foto und macht sich auf die Suche. Wenn ihr den Ort entdeckt habt, bekommt ihr dort eine Aufgabe und das nächste Foto. So geht es immer weiter, bis alle Gruppen alles gefunden und alle Aufgaben erfüllt haben. Auf die Gruppe, die das als erste geschafft hat, wartet hier eine kleine Überraschung. Und nun viel Spaß bei der Kennenlernrallye!" Sie klatscht in die Hände und sofort drängeln alle aufgeregt aus dem Klassenzimmer hinaus.
Finn ist mit Jakob und Simona in einer Gruppe. Ein bisschen wurmt es ihn immer noch, dass er nicht mit Flo zusammen sein kann. Den Jakob kennt er ja und er mag ihn auch. Aber Simona? Die kennt er noch gar nicht, und überhaupt ... drei Jungs in einer Gruppe wären einfach viel besser gewesen!

Auf dem Foto, das sie bekommen haben, ist eine Glastür zu sehen, auf der große Buchstaben stehen. Hm, sie überlegen. Wo in der Schule gibt es eine Glastür mit Buchstaben? Die große Eingangstür ist es nicht. Die ist auch viel größer. „Ich glaube, ich weiß es!", ruft Simona und rennt los. Finn und Jakob folgen ihr, den langen Gang entlang bis zum Ende, dann nach rechts und – stopp! – dort bleibt Simona vor einer Glastür stehen. Finn ist verblüfft. Wie hat sie das so schnell gefunden? Jakob wundert sich auch. Und warum stehen sein Schulpate Lars und eine Schulpatin vor der Tür?

Weil sie hier auf die Rallyekinder warten, und zwar mit der ersten Aufgabe! „Wisst ihr, was das heißt?", fragt Lars und zeigt auf die Buchstaben auf der Tür. Sie schauen nach oben und schütteln den Kopf. „Hier steht ‚Sekretariat'", sagt er. „So heißt das Büro von Frau Röslein. Sie ist die Schulsekretärin und arbeitet für den Rektor und für uns alle und weiß über alles Bescheid. Wenn ihr mal was wissen wollt ... einfach Frau Röslein fragen!" „Und das könnt ihr jetzt gleich tun!", sagt die Schulpatin. „Das ist nämlich eure erste Aufgabe, die lautet: Was ist das Lieblingsessen von Frau Röslein?"

Finn, Jakob und Simona zögern nicht lange. Sie klopfen an und gehen dann schnell in das Büro und bleiben vor einem großen Schreibtisch stehen, von dem man allerdings nicht viel sieht, so voll ist er mit Büchern und Papierstapeln. Dahinter sitzt Frau Röslein, die jetzt aufsteht und die drei freundlich begrüßt. Als sie nach ihrem Lieblingsessen fragen, muss sie kichern. „Hm, mein Lieblingsessen", sagt sie und überlegt kurz. „Kinder, ich mag für mein Leben gerne Nudelauflauf mit Tomatensalat!"

Finn, Jakob und Simona sind zufrieden und wollen gleich wieder weiter, doch Frau Röslein hat es nicht so eilig. Zuerst fragt sie nach ihren Namen. Danach erkundigt sie sich, ob es ihnen in der Schule gefällt, und dann will sie auch noch wissen, was denn ihr Lieblingsessen sei. Erst nachdem sie erfahren hat, dass Finn gerne Pommes mit Ketchup, Jakob Pizza aus seiner Lieblingspizzeria und Simona am liebsten Pfannkuchen mag, können die drei wieder gehen. Kaum haben sie die Glastür hinter sich zugemacht, verkünden sie wie aus einem Mund: „Nudelauflauf mit Tomatensalat!"

„Aufgabe gelöst!", meint Lars zufrieden und gibt ihnen ein neues Foto. Darauf sind ein Teller mit Spaghetti und Tomatensoße und ein Besteck zu sehen. „Schon wieder Essen?", fragt Jakob. „Spaghetti in der Schule?", wundert sich Finn. „Na klar! Mittagessen gibt's in der Mensa!", sagt Simona und läuft wieder voraus. „Mensa? Was ist das denn?", erkundigt sich Jakob. „Das ist der Speisesaal", erklärt Simona, „wo alle, die in der Schule bleiben, mittagessen!" „Woher weißt du das eigentlich alles?", fragt Finn erstaunt. „Von meiner Schwester, die geht auch hier zur Schule!", antwortet Simona lachend, und langsam findet Finn sie richtig nett.

Schnell haben sie die Mensa gefunden und lösen auch gleich die nächste Aufgabe.

„Das war ja leicht!", meint Finn, nachdem sie die Tische gezählt und den beiden Schulpaten die richtige Zahl genannt haben. Jakob schaut auf das neue Foto in seiner Hand. „Was soll denn das sein?", fragt er. Zwei dicke Seile mit zwei Ringen sind darauf abgebildet. „Ha! Ich weiß es!", ruft Finn freudig. „Die hängen in der Turnhalle!" Er kennt diese Ringe

59

gut vom Sportverein. „Und wie kommen wir dahin?", fragt Jakob. Finn zuckt mit den Schultern und Simona auch, denn das weiß sie auch nicht.

Sie eilen die große Treppe hinunter und begegnen Finja, Florian und Valentin, die gerade auf dem Weg nach oben sind. „Wo geht es zur Turnhalle?", fragt Finn im Vorbeigehen. Von Finja und Valentin kommt keine Antwort, aber Florian ruft ihnen hinterher: „Zum Ausgang raus und dann links!" „Das war aber nett!", meint Simona. „Hm, hm", macht Finn und nickt, „Flo ist ja auch mein allerbester Freund!"

In der Turnhalle erwartet sie eine Aufgabe, bei der sie ziemlich ins Schwitzen kommen: Sämtliche Gymnastikbälle sollen aus einer vollen Kiste in eine leere gebracht werden. Das hört sich zwar einfach an, aber die beiden Kisten sind ein ganzes Stück voneinander entfernt. Deshalb müssen die drei einige Male hin- und herflitzen. Und obwohl Finn und Jakob immer gleich zwei Bälle auf einmal nehmen und die Schulpaten sie laut anfeuern, dauert es doch eine ganze Weile, bis die leere Kiste voll ist. „Super!", rufen die zwei Schulpaten, und schon geht es mit dem nächsten Foto zur nächsten Station. Jetzt müssen sie Hausmeister Hämmerle und seine Werkstatt finden.

Geschafft! Rasch erfüllen sie die Aufgabe. Nächstes Foto! Sie eilen weiter zu den Toiletten, lösen auch dort die Aufgabe, und dann rennen sie über das Schulgelände, weil auf dem letzten Foto der Kletterturm abgebildet ist. Dabei werden sie immer schneller und treffen unterwegs immer öfter mit anderen Gruppen zusammen, die sich nun auch beeilen, um als Erste wieder im Klassenzimmer und damit Rallyesieger zu sein.

Beim Kletterturm ist Jakob in seinem Element. Geschickt und flink hangelt und zieht er sich von Griff zu Griff und ist im Nu beim obersten angelangt.
„Wow!", rufen die Schulpaten voller Bewunderung. Schnell klettert Jakob wieder herunter, klopft sich die Hände ab und meint: „Das mache ich jede Woche mit meinem Papa in der Kletterhalle!" „Toll!", denkt Finn, und auch Simona ist beeindruckt, denn sie haben es beide nur bis zur Hälfte des Turms geschafft.
„Ihr könnt ja mal zum Klettern mitgehen!", sagt Jakob, als sie wieder zurück ins Schulhaus laufen, und die beiden nicken heftig. Das könnten sie wirklich mal. Doch jetzt haben sie keine Zeit, weiter darüber nachzudenken. Jetzt müssen sie schleunigst zurück ins Klassenzimmer. Da ist es schon. Die Tür steht weit offen. Sind sie die Ersten? Nein! Finja, Florian und Valentin waren vor ihnen da. Aber das macht nichts, immerhin sind sie die Zweiten!
Nacheinander trudeln jetzt auch die anderen Gruppen ein. Schwatzend und

lachend kommen sie ins Klassenzimmer zurück, und es sieht ganz so aus, als ob sie sich bei der Kennenlernrallye schon viel besser kennengelernt haben. Und nicht nur das, die Schule und das Gelände drum herum natürlich auch. Und wer sich nicht mehr ganz sicher ist, was wo war, der kann ab heute die Rallyesieger fragen. Denn jeder der drei hat von Frau Fuchs zur Belohnung einen Schulplan bekommen, schön bunt und mit allen Orten drauf, die man als Schüler dieser Schule kennen sollte.

„Bravo, ihr seid jetzt Erste-Klasse-Schullotsen!", ruft sie begeistert. Finja, Flo und Valentin halten stolz ihre Pläne hoch, und wenn man genau hinguckt, kann man sehen, dass sie in diesen beiden Schulstunden ein ganzes Stück gewachsen sind!

Fliegende Buchstaben & Schweizer-Käse-Karten

„Ich kann schon wieder einen neuen Buchstaben!", verkündet Nele. Sie schmeißt ihren Ranzen auf die Eckbank und stürmt in die Küche. „Und welchen?", fragt ihre Mama. „Den, mit dem du anfängst!", sagt Nele und schreibt ein M in die Luft, das so groß wie ihr Arm lang ist.

Gleich nach dem Mittagessen läuft sie durch die Wohnung und sammelt Zeitungen, Illustrierte, Prospekte und anderes bedrucktes Papier, bis sie einen gehörigen Stapel beisammenhat. Sie schleppt ihn nach draußen auf den Balkon.

„So!", sagt sie zufrieden und holt ihre Schere aus dem Mäppchen. „Was willst du damit machen?", fragt ihre Mama, die sich inzwischen auf die Liege gelegt hat. „Meine Hausaufgaben", antwortet Nele. „Mit der Schere?", fragt ihre Mama und gähnt. „Ja", sagt Nele, „wir sollen alle Buchstaben, die wir schon gelernt haben, ausschneiden und sammeln."

„Du hast hoffentlich nur alte Zeitungen genommen?", fragt ihre Mama schläfrig. „Ich glaube schon", sagt Nele und schlägt eine Zeitschrift auf. Da wimmelt es nur so von Buchstaben, die sie schon kennt. „Super!", denkt sie und schneidet den ersten aus. Diese Hausaufgabe macht ihr Spaß und sie kann gar nicht aufhören. Sie schnippelt und schnippelt.

Als ihre Mama ihr Mittagsschläfchen beendet hat, liegt auf dem Balkontisch bereits ein großer Haufen Papierschnipsel mit kleinen und großen T, W, S, A, E, I, O, U und M natürlich auch. „Warst du aber fleißig, Nele!", sagt ihre Mama begeistert. „Warte, ich hol dir einen Briefumschlag für deine Buchstaben." Sie verschwindet im Haus.

„Okay!", sagt Nele. Doch dann schaut sie auf ihre Buchstaben. Das sind ja jetzt schon so viele und in den nächsten Wochen wird sie noch mehr kennenlernen. Die will sie dann auch alle ausschneiden und sammeln. Da ist ein

Briefumschlag doch viiiel zu klein! „Nee, ich brauche eine Schachtel!", ruft
Nele und rennt ihrer Mama hinterher.

In der Abstellkammer gibt es eine ganze Schachtelsammlung, aber Nele
findet: „Die ist zu groß!" … „Die ist zu klein!" … „Die gefällt mir nicht!" …
„Die kann man nicht gut zumachen!" … „Die da", ruft sie endlich und hält
eine goldene Pralinenschachtel hoch, „die ist genau richtig und dazu noch
glitzerig!" „Puh, ich dachte schon, du findest keine mehr", sagt ihre Mama,
und als Nele wieder auf den Balkon geht, ruft sie ihr hinterher: „Hast du
eigentlich noch mehr Hausaufgaben zu machen?"

Sie bekommt keine Antwort, aber plötzlich ertönt ein schrilles „Neiiin!".
Das war Nele. Sie hüpft auf dem Balkon herum, in jeder Hand ein
Schachtelteil, und fuchtelt wild mit den Armen.

„Um Himmels willen, was ist denn passiert?", fragt ihre Mama, die sofort zu
ihr rennt. Und jetzt sieht sie auch schon die Bescherung:

Auf dem Balkontisch liegt kein einziger Papierschnipsel mehr! Denn während
die beiden die Schachtel suchten, kam Wind auf. Zuerst nahm er sich den
Haufen Schnipsel vor. Er fuhr einmal kräftig hinein, sodass sie vom Tisch
und über das Geländer hinwegwirbelten.

„Ach du meine Güte!", ruft Neles Mama. Sie stürzt zum Tisch und knallt
beide Hände auf die Zeitschriften, damit der Wind nicht länger darin
herumblättert. Im nächsten Moment hört man wieder ein schrilles
„Neiiin!". Diesmal ist es Neles Mama. Sie steht mit hängenden
Armen da, in jeder Hand eine längliche Karte, die aussieht wie
Schweizer Käse. „Oh nee, Nele!", sagt sie und schaut Nele
entsetzt an. „Du hast die Karten gelöchert!" „Ja!", sagt Nele.
„Da waren so schöne, große, gelbe M, O, A und T drauf, und
weißt du, das Papier ist ganz glatt!" „Weißt du eigentlich,
was du da kaputt geschnippelt hast?", fragt ihre Mama.

65

„Nee", antwortet Nele, „was denn?" „Unsere Konzertkarten! Das waren unsere Konzertkarten für heute Abend!", jammert ihre Mama und fasst sich an die Stirn. „Ich sammle alle Buchstabenschnipsel gleich wieder ein", verkündet Nele und rennt in den Flur, die leere Schachtel immer noch in der Hand. In der Wohnungstür dreht sie sich um und schreit: „Auch die von deinen Karten!"

Sie fängt im Hof an. Dort liegen einige O und U. Um die Mülltonnen herum entdeckt sie ein paar T, W und S und obendrauf ein großes M. „M wie M... Müll!", denkt sie und legt den Buchstaben zu den anderen in ihre Schachtel. Dann schaut sie sich um. Komisch, bei den Garagen sind so viele helle Flecken auf dem Pflaster. „Aha ... A, E und I sind bis hierher geflogen!", denkt sie, „und da hinten liegen noch mal ein paar M!"

„Ihr kommt alle in die Kiste!", brummelt Nele und bückt sich danach.

„Was sammelst du denn da, Nele?", fragt plötzlich eine Stimme hinter ihr. Nele dreht sich um. Es ist Frau Letter vom Haus nebenan.

„Buchstaben!", erwidert sie.

„Die hab ich vorhin alle ausgeschnitten. Dann hat sie der blöde Wind vom Balkon geblasen, und nun muss ich alle wieder einsammeln, vor allem die von Mamas Konzertkarten. Die braucht sie nämlich heute Abend!" „Na, dann will ich mal schleunigst nachsehen, ob sich bei mir im Garten auch welche verirrt haben!", meint Frau Letter und lacht.

Nele stellt sich auf die Zehenspitzen und lugt über die Gartenhecke. „Da!", ruft sie und zeigt aufgeregt auf einen Busch. „Da ist einer! Und da bei der Gießkanne liegt auch was!" Frau Letter geht hin und bückt sich. „Ja", ruft sie zurück, „hier liegen schöne gelbe Buchstaben aus ganz glattem Papier. Komm ruhig rüber und hol sie dir!"

Aber Nele ist schon unterwegs. Sie rennt auf dem Bürgersteig zum Gartentor und ... ihrem Papa direkt in die Arme. „Hallo Nele, wohin denn so eilig?", fragt er und bleibt stehen. „Zu Frau Letter, bei der liegen meine Buchstaben im Garten, nein, nicht meine ... EURE!" „Unsere ... was?", fragt ihr Papa erstaunt. „Eure Buchstaben!", antwortet Nele und wird ganz zappelig. „Weißt du, die von den Karten!" Jetzt versteht ihr Papa überhaupt nichts mehr. Er schaut Nele ziemlich verdutzt hinterher, als sie im Garten verschwindet.

„Ha! Ich hab sie!", verkündet sie, als sie nach kurzer Zeit wiederkommt. Sie schwenkt ihren rechten Arm freudig in der Luft. In der Hand hält sie aufgefächert ein paar Papierstücke, auf denen große, gelbe Buchstaben zu sehen sind. Jetzt hat sie Zeit, ihrem Papa alles ganz genau zu erklären, während sie zusammen nach Hause gehen.

Neles Mama hat sich inzwischen auch wieder beruhigt, und noch vor dem Abendessen puzzeln und kleben die drei die Buchstaben wieder auf die Löcher der Schweizer-Käse-Karten. Alle bis auf einen, denn ein dickes, gelbes M fehlt. „Hier! Nimm doch das!", sagt Nele und hält ihrem Papa ein dünnes, blaues M hin. „Ob sie uns damit wohl reinlassen?", fragt ihre Mama und schaut besorgt auf die zusammengeflickten Karten. „Klar!", meint ihr Papa. „Und wenn sie wollen, erzählen wir ihnen die Geschichte noch gratis dazu!"
Neles Eltern sind natürlich ins Konzert gegangen. Die Geschichte haben sie nicht erzählt. Aber gelernt haben sie etwas, nämlich, dass sie ab jetzt alles Papier, was sie noch brauchen, vor Neles Buchstabenschere in Sicherheit bringen.
Und das schöne, große, glatte, gelbe M hat Frau Letter am nächsten Tag noch unter ihrer Gartenbank entdeckt und für Nele in den Briefkasten gesteckt!

Marla macht das!

Marlas Schulweg ist nicht sehr weit und man kann ihn gut zu Fuß gehen. Bis vor Kurzem hat ihre Mama sie noch jeden Morgen zur Schule gebracht und später wieder abgeholt. Denn Marlas Mama war ein wenig ängstlich, und darum war es besser so. Jetzt geht sie schon länger nicht mehr mit. Und das hat Marla so gemacht:

Am ersten Schultag war sie richtig froh, dass ihre Mama sie begleitete. Bis ins Klassenzimmer hätte sie zwar nicht mitgehen müssen, dazu gab es ja Silke, ihre Schulpatin, aber Marlas Mama wollte es gerne.

Am zweiten Tag fand sie es immer noch schön, dass ihre Mama mitging, doch diesmal verabschiedete sie sich schon vor der großen Eingangstür von ihr, um nur mit Silke zum Klassenzimmer zu gehen.

Am dritten Tag genügte es ihr, dass ihre Mama sie bis zum Schulhof brachte, weil da schon Jule und Emma warteten und natürlich auch Silke, die sie wieder begleitete.

Am vierten Tag brauchte ihre Mama nur noch bis zur Schulstraße mitzugehen, wo sie wie immer auf Jule, Emma und auch auf Jakob trafen, der von seiner Oma gebracht wurde.

Am fünften Tag sollte ihre Mama eigentlich gar nicht mehr mitkommen, denn Jule und Emma hatten die Idee, dass sie am kleinen Blumenbrunnen immer auf Marla warten würden, und bis dorthin kann sie schon gut alleine gehen. Doch das wollte Marlas Mama nicht. Also ging sie bis zum Brunnen mit und dann liefen die drei Mädchen alleine weiter.

Am sechsten Tag fand Marla, dass sie nun echt schon groß genug wäre, um alleine bis zum Blumenbrunnen zu gehen. „Du hast ja recht", sagte ihre Mama, „du bist wirklich schon ein großes Mädchen!" Ob sie sich darüber freute oder ob sie auch ein klein wenig traurig war, das weiß nur Marlas Mama selbst.

Jedenfalls hat Marla ihrer Mama so das Zur-Schule-Bringen abgewöhnt und seitdem macht sie sich alleine auf den Weg. Dabei winkt sie ihrer Mama immer so lange, bis sie hinter der ersten Häuserecke verschwindet. Und dann sind es auch nur noch zwanzig oder dreißig Hüpfschritte bis zum Blumenbrunnen, wo Emma und Jule meistens schon auf sie warten.

Auf dem Rückweg macht Marla es genauso: zu dritt von der Schule bis zum Brunnen und dann den Rest allein nach Hause. An manchen Tagen läuft ihre Mama ihr ein kleines Stück entgegen. Vielleicht, weil sie es sich doch noch nicht ganz abgewöhnt hat. Und das ist schön so! Denn dann kann Marla ihr schon unterwegs erzählen, was sie Neues gelernt hat und was in der Schule los war. Vor allem aber, was sie mit ihren beiden neuen Freundinnen auf ihrem Schulweg alles entdecken und erleben konnte!

„Weißt du, Mama", sagt Marla, als sie wieder einmal zusammen nach Hause gehen. „Weißt du, der Valentin, der tut mir leid. Die Jungs lachen schon manchmal über ihn, weil er nämlich immer noch von seiner Mama mit dem Auto bis zur Schule gefahren wird. Und dann bringt sie ihn auch noch jedes Mal bis ins Klassenzimmer!" „Vielleicht wohnt er so weit von der Schule entfernt", meint ihre Mama. „Aber warum muss sie ihn dann immer noch an seinen Platz bringen?", fragt Marla empört. „Anscheinend will seine Mama ganz sicher sein, dass er in der Schule ist, wenn sie wieder wegfährt", sagt ihre Mama. Marla überlegt kurz. „Aber wo soll er denn sonst sein?", fragt sie erstaunt. „Hm, das weiß ich eigentlich auch nicht so recht", sagt ihre Mama. „Vielleicht ist Valentins Mama ängstlich und muss das deshalb so machen." „Bist du auch ängstlich gewesen?", will Marla jetzt wissen. „Am Anfang schon ein bisschen", antwortet ihre Mama, und lachend fügt sie hinzu: „Aber das hast du mir ja abgewöhnt, und das hast du wirklich gut gemacht!"

Marla denkt nach und nach einer Weile fragt sie: „Meinst du, der Valentin kann das mit seiner Mama auch machen?" „Das weiß ich nicht", sagt ihre Mama, „vielleicht ist sein Schulweg zu weit oder zu gefährlich, um ihn zu Fuß und alleine zu gehen. Frag ihn doch mal, wo er wohnt." „Mach ich!", sagt Marla und dann vergisst sie Valentin und hüpft neben ihrer Mama her nach Hause.

„Ich weiß jetzt, wo der Valentin wohnt!", verkündet sie am nächsten Nachmittag. „Das ist wirklich ganz schön weit weg von der Schule. Wir haben ihn auch noch gefragt, warum seine Mama ihn immer bis an seinen Platz bringt. Da hat er sich richtig geschämt. Das mag er nämlich gar nicht. Aber seine Mama geht morgens zum Arbeiten und will genau wissen, dass er sicher in der Schule ist. Jakob war auch dabei. Er ist keiner von denen, die über Valentin lachen. Der läuft ja selber immer zusammen mit seiner Oma zur Schule. Da hab ich gesagt, die könnten das doch so machen, dass Valentins Mama ihn zu Jakobs Oma bringt. Jakobs Papa bringt den ja auch dahin, und wenn das Valentins Mama genauso macht, dann können Jakob und Valentin zusammen zur Schule gehen. Wäre das nicht toll?" Marla ist ganz aufgeregt vor Freude. „Das wäre wirklich schön für die beiden Jungs", meint ihre Mama. „Aber Jakobs Oma und Valentins Mama müssen natürlich auch einverstanden sein!" Marla nickt und dann vergisst sie Jakob und Valentin und geht nach draußen zum Spielen.

„Valentins Mama will es sich überlegen!", erzählt sie, als sie am nächsten Mittag nach Hause kommt. „Sie hat mit der Oma vom Jakob geredet, und die ist auch schon einverstanden, hat Jakob gesagt, und jetzt muss nur noch Valentins Mama mitmachen!" „Na, dann wollen wir mal ganz fest beide Daumen für die beiden drücken, damit das klappt!", meint Marlas Mama. „Mach ich!", sagt Marla und drückt beide Daumen. Aber nur ein Weilchen, dann will sie Hausaufgaben machen, und das geht nicht mit gedrückten Daumen.

„Es hat geklappt!", ruft sie schon vom Blumenbrunnen ihrer Mama zu, als diese ihr wieder einmal entgegenkommt. „Was hat geklappt?", fragt ihre Mama. „Na, das mit Valentin und Jakob!", antwortet Marla begeistert. „Heute sind sie zum ersten Mal zusammen zur Schule gegangen!" „Wie schön!", sagt ihre Mama. „Hm, hm", macht Marla und balanciert fröhlich neben ihrer Mama auf einer kleinen Mauer. „Jakobs Oma war natürlich auch dabei", meint sie nach einem Weilchen. „Aber ich hab ihm erzählt, wie ich das mit dir gemacht hab, und vielleicht macht er es mit ihr mal genauso!"

Drei Tiertotenkopfträger

„Guten Morgen!", ruft Heiners Mama und streckt den Kopf zur Tür herein. Heiner öffnet die Augen und reckt sich. Dann schmeißt er plötzlich die Bettdecke weg, springt mit einem Satz aus dem Bett und rennt zum Fenster. „Einwandfrei!", stellt er zufrieden fest. „Was?", fragt sein großer Bruder verschlafen. „Das Wetter", antwortet Heiner vergnügt. „Wir machen nämlich einen Ausflug in den Haselwald. Aber nur, wenn es nicht regnet, hat Frau Fuchs gesagt. Wir sammeln Blätter zum Klassenzimmerschmücken ... und vielleicht finden wir ja sogar einen Schatz!" „Kindskopf", brummt sein Bruder und gähnt. „Gar nicht!", wehrt sich Heiner. „Du bist ja bloß neidisch!"
Und wer weiß, vielleicht sind das auch noch ein paar andere, als sie sehen, dass die Erstklässler nach der großen Pause nicht ins Schulgebäude zurückgehen, sondern zur Bushaltestelle, um stadtauswärts zu fahren.
Die Busfahrt dauert nicht lange. Nur drei Haltestellen, dann sind sie bei den Sportanlagen, und von dort aus ist es nicht mehr weit. Der Haselwald ist kein dunkler Tannenwald. Hier gibt es auch alle möglichen Laubbäume, Holunder- und vor allem Haselnussbüsche. Der Sturm vor ein paar Tagen hat jede Menge Blätter heruntergeweht, und es raschelt herrlich, wenn man darüberläuft. Auch Haselnüsse, Eicheln und viele große und kleine Zapfen sind zu finden, und so beginnen die meisten gleich damit, alles, was ihnen gefällt, in ihren mitgebrachten Tüten zu sammeln.
Finn, Florian und Heiner sind noch mit anderen Dingen beschäftigt. Sie schieben große Blätterberge vor sich her, und weil man dabei nicht so schnell

gehen kann, wird der Abstand zwischen ihnen und den anderen immer größer. Jetzt bleiben sie auch noch stehen, um zu vergleichen, wer den größten Berg beisammenhat. Es ist Heiner. Stolz reckt er in Siegerpose die Arme in die Höhe.
Da reißt ihm Flo voller Übermut die Mütze vom Kopf und schleudert sie weit von sich. „Hey!", brüllt Heiner und rennt los, um sie wieder zu holen. Hier zwischen den Bäumen ist sie gelandet. Er bückt sich, greift nach der Mütze und ... lässt sie sofort wieder los! „Kommt schnell!", ruft er. Im nächsten Augenblick sind Finn und Flo bei ihm. Heiner zeigt auf den Waldboden. Dort liegt die Mütze.

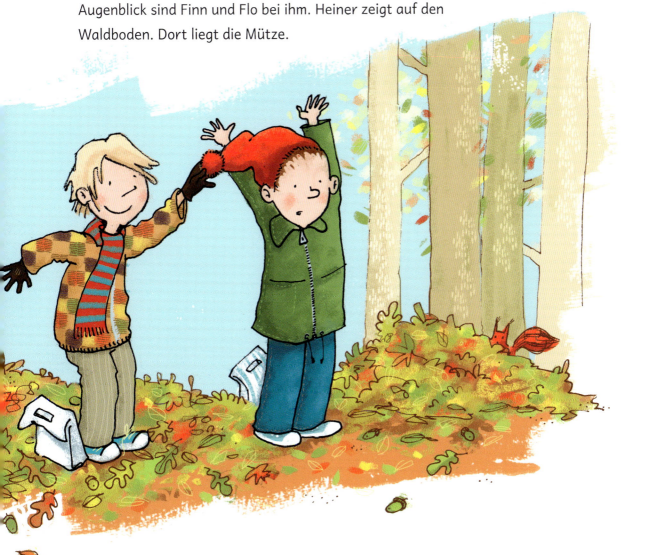

„Na und?", fragt Flo. „Daaa!", sagt Heiner und fuchtelt aufgeregt Richtung Mütze. „Was ist denn da?", will Finn wissen. Er geht in die Hocke. Vorsichtig und mit spitzen Fingern zieht er die Mütze hoch. „Boah!", rufen jetzt alle drei wie aus einem Mund. Unter Heiners roter Mütze ist ein heller Knochenschädel zum Vorschein gekommen! Florian und Heiner hocken sich nun auch hin, um ihn aus der Nähe anzuschauen. Es ist ein Tierschädel, vollkommen unversehrt, mit großen Augenhöhlen und vielen Zähnen.

„Ist ja schon komisch", meint Heiner, „dass meine Mütze genau auf diesem Totenkopf landet!" Die drei müssen lachen. Dann richten sie sich auf und halten nach den anderen Ausschau. Sie sollen das auch sehen! Aber die Gruppe ist viel zu weit weg, um sie herzurufen. Also beschließen sie, ihren Fund einfach hinzubringen.

„Ich fass den nicht an!", sagt Heiner und verzieht sein Gesicht. Das wollen die anderen beiden auch nicht. Doch wie können sie den Schädel transportieren, ohne ihn dabei in die Hand zu nehmen? Finn hält immer noch Heiners Mütze zwischen den Fingern. „Wir tun ihn einfach da rein!", schlägt er vor. Heiner schaut ihn verärgert an. „Du spinnst wohl!", sagt er, reißt die Mütze an sich und steckt sie in seine Anoraktasche. Aufsetzen will er sie jetzt nicht mehr.

Sie überlegen weiter und schauen sich auf dem Waldboden um. Da kommt Heiner eine Idee: „Wir spießen ihn auf!", sagt er. Das ist gut! Schnell suchen sie drei lange Stöcke und versuchen, den Schädel damit aufzunehmen. Das dauert ein Weilchen, aber dann haben sie es geschafft: Vorne, dort wo er spitz zuläuft, hat Heiner seinen Stock hineingesteckt, und etwas weiter hinten, bei den Augenhöhlen, haben Finn und Flo ihn auf ihre Stöcke gespießt. Und da laufen sie nun, die drei Tiertotenkopfträger, langsam und im Gleichschritt, in einer Hand den Stock, den Schädel über ihren Köpfen, und passen gut auf, dass er nicht herunterfällt. Aber sie müssen sich nicht beeilen.

76

Frau Fuchs hat längst angehalten,
als sie merkte, dass sie nicht hin-
terherkamen, und nun werden sie
von allen erwartet. Stolz nähern
sie sich mit dem hoch erhobenen
Schädel der Gruppe, und je näher
sie kommen, umso mehr entsetzte
Augen blicken ihnen entgegen.
Kaum, dass sie die Gruppe erreicht
haben, fangen die ersten Mädchen an zu
kreischen. „Iiii ... wie eklig!", schreien sie schrill
und rennen wild auseinander. Ein paar verstecken sich schnell hinter Frau
Fuchs und rufen ängstlich: „Wäää ... geht weg!"
Frau Fuchs macht ein paar Schritte auf die Jungs zu. „Na, was habt ihr denn
da gefunden?", fragt sie und betrachtet den Schädel gründlich von allen
Seiten. Schon kommen auch die anderen Jungs. Sie drängeln sich um Heiner,
Finn und Flo, denn jeder will genau sehen, was da oben auf den Stöcken
steckt. Bald trauen sich auch die ersten Mädchen. Aber die meisten halten
doch noch lieber etwas Abstand.
„Das ist der Schädel von einem ausgewachsenen Reh", erklärt Frau Fuchs.
„Ganz hinten an Ober- und Unterkiefer seht ihr die Backenzähne, dann
kommt eine Lücke und ganz vorne an der Spitze sitzen die Schneidezähne."
„Und wie kommt der Totenkopf hierher?", will Finn wissen. „Vielleicht war
das Reh verletzt und ist gestorben", meint Frau Fuchs. „Sein Fleisch war
dann Nahrung für andere Tiere, zum Beispiel für Füchse, Marder oder auch
für Raubvögel." „Das arme Reh!", jammern einige Mädchen, und trauen sich
sogar ein Stück näher heran.
„Was macht ihr jetzt mit dem Schädel?", fragt Emma. „Den nehme ich mit!",

77

sagt Heiner und stellt sich schon vor, wie er seinen großen Bruder damit beeindrucken kann. Hat er heute Morgen nicht Kindskopf zu ihm gesagt? „Von wegen Kindskopf! … Totenkopf!", denkt er und freut sich schon. Da hört er Finn fragen: „Wieso nimmst DU ihn mit?" „Weil er unter MEINER Mütze lag!", erwidert Heiner. „Aber ICH hab die Mütze da hingeschmissen!", meint Finn. „Trotzdem!", sagt Heiner patzig. „Ohne meine Mütze gäbe es auch keinen Totenkopf!" „Und wie willst du ihn bitte schön mitnehmen?", fragt Finn beleidigt. „Mit den Stöcken!", meint Heiner und klingt schon etwas kleinlauter. „Ha!", sagt Florian, der zu Finn hält. „Wie soll denn das im Bus gehen?" „Dann tun wir ihn eben in eine Tüte!", sagt Heiner trotzig und schaut Emma an, die nah bei ihm steht. „Nee, nee!", ruft sie und hält ihre Tüte schnell mit beiden Händen fest zu. Während ein Wort das andere gibt, stehen die Jungs immer noch wie angewurzelt da und nur der Schädel wackelt dabei bedenklich über ihren Köpfen.

Frau Fuchs, die ihnen zugehört hat, muss lachen. „Keine Angst, Emma, der Schädel kommt in keine Tüte!", sagt sie. Dann wendet sie sich an Heiner und fügt hinzu: „Und mitnehmen sollte ihn auch keiner. Denn er gehört in den Wald und hier soll er auch bleiben!" „Aber wir können doch den Kopf von dem armen Reh nicht einfach wieder wegwerfen!", meint Emma. „Nein", beruhigt sie Frau Fuchs, „das werden wir auch nicht! Was machen wir denn, wenn bei uns zu Hause ein Tier stirbt, zum Beispiel eine Katze, ein Hamster oder ein Meerschweinchen?", fragt sie und blickt in die Runde. Alle strecken ihren Finger hoch und rufen durcheinander: „Begraben, die tut man begraben!" Nur Heiner, Finn und Flo strecken keinen Finger hoch, sie halten ihre Arme mit dem aufgespießten Schädel ja ohnehin schon andauernd in die Höhe.

„Richtig!", sagt Frau Fuchs. „Und da dieses Reh hier im Wald gestorben ist, könnten wir es doch auch hier begraben." Damit sind alle einverstanden.

Die drei Jungs voran, suchen alle gemeinsam eine geeignete Stelle und finden sie unter einer großen Buche. Zwischen zwei ihrer knorrigen Wurzeln hat sich weiches Moos ausgebreitet. „Genau richtig für unser totes Reh!", meint Emma feierlich. Das finden alle anderen auch. Vorsichtig legen die drei den Schädel ab. Fast schon schön sieht er aus, wie er dort auf dem grünen Moosteppich liegt. Heiner, Finn und Flo halten ihre Stöcke immer noch in der Hand, und man könnte meinen, sie halten Wache. Einen Moment lang sind alle ganz still.

Aber so offen und gar nicht zugedeckt soll ihr totes Reh hier nicht liegen bleiben, finden sie, und wieder sammeln sie Blätter. Doch diesmal nicht in ihren Tüten. Jeder legt eine Handvoll auf dem Grab ab und nach kurzer Zeit ist von dem Schädel nichts mehr zu sehen. „Und was ist, wenn Wind kommt?", fragt Florian. Er hat recht, die Blätterdecke wäre im Nu weggeweht. Also suchen sie auch noch Steine, die sie auf die Blätter legen. Und damit es schöner aussieht, schmücken sie das Ganze noch mit den Tannenzapfen, Eicheln, Bucheckern und leeren Schneckenhäusern, die sie in ihren Tüten gesammelt hatten.

Zufrieden betrachten sie den hübschen Hügel und machen sich langsam wieder auf den Weg Richtung Sportanlagen zur Bushaltestelle. Heiner, Finn und Flo laufen nebeneinander. Ihren Streit um den Schädel haben sie längst vergessen. „Ich hab zu Hause eine ganz tolle große Feder!", sagt Heiner auf einmal, und im nächsten Augenblick ist er auch schon vorne bei Frau Fuchs. „Du, Frau Fuchs, machen wir bald noch mal einen Ausflug in den Haselwald?", fragt er. „Dann bring ich nämlich meine schönste Feder mit und steck sie noch auf das Grab!"

Das Hausaufgabenheinzelmännchen

Bald eine Stunde sitzt Finn nun schon an seinen Hausaufgaben. Er soll A, E, I, O, U, T und M in Druckschrift schreiben, immer eine ganze Reihe voll und genauso schön ordentlich wie der vorgedruckte Buchstabe am Anfang jeder Zeile. Finn gibt sich Mühe, aber es ist wie verhext. Die Striche und Bögen wollen einfach nicht auf oder unter den Linien bleiben. Immer wieder gehen sie darüber hinaus. Finn strengt sich an. Doch je mehr er sich anstrengt, desto mehr drückt er auf, und wenn er so aufdrückt, kann er radieren, so viel er will, die Buchstaben sind immer noch zu sehen. „Das sieht gar nicht schön aus!", denkt Finn und stöhnt. Zornig legt er den Bleistift weg.

„Macht das keinen Spaß?", fragt Leni und schaut erstaunt von ihrem Heft auf. Finns kleine Schwester geht noch nicht zur Schule. Aber jedes Mal, wenn er seine Hausaufgaben macht, kommt sie dazu. Zuerst setzt sie ihren Teddy auf den Tisch, der dann immer extra seinen Puppenschulranzen trägt. Dann klettert sie auf einen Stuhl und packt den Inhalt ihrer kleinen Stofftasche auf den Tisch: ein Bilderbuch, verschiedene Farbstifte, einen Anspitzer und das kleine Schulheft, das sie zu Finns Einschulung geschenkt bekommen hat.

„Ich muss auch Hausaufgaben machen!", sagt sie mit ernsthafter Stimme, während sie eifrig in ihr Heft kritzelt. Das macht ihr Spaß und sie kommt sich dabei richtig groß vor. Und Finn? „Nö, Leni, Schönschreiben macht mir keinen Spaß!", brummt er und kommt sich irgendwie klein vor. Er schaut unzufrieden auf sein Heft. Noch nicht mal eine Seite ist vollgeschrieben und zwei müssen es werden! Wieder nimmt er seinen Bleistift und schreibt ein paar Buchstaben. Sie sehen auch nicht besser aus, aber wenigstens ist die eine Seite jetzt voll. Finn knabbert an seinem Bleistift und schaut verträumt aus dem Fenster. Er beobachtet die Blätter, die der Herbstwind über die

Straße fegt, und die dicken Wolken, die rasend schnell am Himmel ziehen, sich zu Figuren zusammenfügen, wieder trennen und neue Formen bilden. Rrrring! Finn erschrickt. Es hat an der Haustür geklingelt. Mit wem spricht seine Mama da? Ist das nicht die Stimme von Flo? Schnell rennt er in den Flur. Tatsächlich, da steht Florian! Er hat seinen Drachen dabei und will Finn abholen. Der freut sich und greift gleich nach seinem Anorak. „Bist du denn mit deinen Hausaufgaben fertig?", fragt seine Mama. Er nickt und meint zögerlich: „Ja ... halb!" „Wie ... halb?", will seine Mama wissen. „Eine Seite hab ich schon und eine Seite muss ich noch", antwortet Finn und bettelt: „Bitte, bitte, Mama! Jetzt mag ich erst mal Pause machen. Draußen ist so schöner Drachenwind und nachher geht es dann auch bestimmt viiiel besser und schneller!" Das sieht seine Mama ein und – juhu! – mit Freudengeheul stürmen die beiden samt Drachen aus dem Haus.

„Wo ist der Finn hin?", fragt Leni, als ihre Mama nach ihr schaut. „Zum Drachensteigen!" „Aber der ist ja noch gar nicht fertig mit Schreiben!", meint Leni und zeigt auf die leere Heftseite. „Das macht er, wenn er wieder-kommt", sagt ihre Mama und geht wieder hinaus.

Leni denkt nach. Plötzlich greift sie über den Tisch und zieht Finns Schön-schreibheft zu sich her. Sie schaut sich den großen schwarzen Buchstaben genau an, der am Anfang der obersten leeren Zeile steht. Er hat zwei Zacken. Das gefällt ihr. Also nimmt sie ihren roten Stift und fängt an. Rauf und runter, rauf und runter malt sie, bis eine lange rote Zickzacklinie fertig ist. „Schön!", sagt sie und nimmt sich gleich den nächsten Buchsta-ben vor.

Emsig malt sie viele kleine Kringel nebeneinander. Sie sind zwar nicht rund, dafür aber leuchtend gelb. „Lauter Sonnen!", flüstert Leni begeistert.

„Was kommt jetzt?", denkt sie und schaut sich den nächsten Buchstaben an. „Lauter Striche!" Leni malt einen kleinen grünen Strich neben den anderen, schief und krumm sind sie, aber das macht nichts, und zum Schluss setzt sie – ratsch! – noch einen ganz langen Strich obendrauf. Dann entdeckt sie noch einen Buchstaben, der ihr gefällt. Er hat nur eine Zacke, aber noch einen kleinen Strich. Schon geht es zickzack mit dem blauen Stift bis ans Ende der Linie und zum Schluss wird wieder – ratsch! – ein langer Strich mittendurchgezogen. „Schau, Tino!", sagt sie und zeigt ihrem Teddy stolz die bunten Muster in Finns Heft.

Doch jetzt hat sie genug vom Hausaufgabenmachen. Sie packt ihre Sachen wieder in die Stofftasche, klemmt sich ihren Teddy unter den Arm und klettert vom Stuhl herab.

Als Finn glücklich und mit roten Wangen wieder nach Hause kommt, läuft Leni ihm schon im Flur entgegen. „Du hast gar nicht mehr viel!", ruft sie freudig. „Was hab ich nicht mehr viel?", fragt Finn verwundert. „Gar nicht mehr viel Hausaufgaben!", sagt Leni und zappelt vor Aufregung.

„Und warum?", fragt Finn. Er versteht überhaupt nichts. „Komm!", ruft Leni und zieht ihn am Ärmel ins Zimmer, wo seine Schulsachen noch auf dem Tisch liegen.

Sprachlos und mit offenem Mund starrt Finn auf sein Schönschreibheft. „Das hab ich alles schon für dich gemacht!", verkündet Leni und strahlt ihren großen Bruder an. „Aha!", ist alles, was er rausbringt. Nun kommt auch seine Mama hinzu. „Was ist denn das?", fragt sie, als sie die bunten Muster sieht. „Das sind Lenis Buchstaben!", meint Finn und zeigt auf die rote Zickzacklinie, die gelben Kringel, die grünen Striche und die blauen Zacken mit dem langen Strich in der Mitte. „Hm, hm", macht Leni ganz stolz und dann klatscht sie in die Hände und juchzt: „Und jetzt ist der Finn schon fertig!"

Da muss ihre Mama lachen und Finn auch. Wie konnte das Hausaufgabenheinzelmännchen auch wissen, dass man zwischen den Druckbuchstaben immer Platz lassen muss! Aber Finn zeigt es seiner kleinen Schwester. Und das macht ihm jetzt solchen Spaß, dass er noch eine ganze Seite vollschreibt!

Der Geschichtenkalender

„Weißt du was, heute haben wir richtige Kunst gemacht!", sagt Jule begeistert, als sie von der Nachmittagsschule nach Hause kommt. „Zuerst haben wir Bilder bekommen und dann haben wir Bilder gemalt! Und was wir damit machen ... Mama, das errätst du niiie!" „Aber du verrätst es mir bestimmt gleich", meint ihre Mama lachend.
Und das stimmt! Denn schon legt Jule los und erzählt: „Also, zuerst durfte jeder ein Bildchen aus einer Schachtel nehmen, so, dass man nicht sehen konnte, was drauf ist. Ich hab einen Schlitten bekommen und Emma einen Engel. Die anderen hatten auch lauter schöne Figuren, das hab ich gesehen."

„Und was hast du mit deinem Bildchen gemacht?", erkundigt sich ihre
Mama. „Nichts!", antwortet Jule. „Ich hab nichts damit gemacht. Wir
sollten unsere Bildchen nämlich nur angucken und uns dazu was einfal-
len lassen, was wir dann malen könnten. Das war gar nicht so einfach und
manchen fiel auch nichts ein. Aber da hat Frau Fuchs ein bisschen geholfen.
Jedenfalls durften wir danach mit Wasserfarben auf unseren Malblöcken
malen. Das hat ganz, ganz großen Spaß gemacht!"

„Was ist dir denn zu deinem Schlitten eingefallen?", will ihre Mama wissen.
„Weißt du, ich wünsch mir doch so sehr, dass es endlich schneit!", sagt Jule.
„Da hab ich mir vorgestellt, dass alles, alles voller Schnee ist und ich mit
dem Schlitten den Berg runtersause, und auf dem Berg stehen Tannen-
bäume und ... ein Engel!" „Den Engel hatte doch Emma auf ihrem Bildchen",
meint ihre Mama. „Aber auf meinem Bild ist es ja MEIN Engel, mein Schutz-
engel!", erwidert Jule.

„Aha", sagt ihre Mama, und dann will sie wissen, wie man weißen Schnee
auf weißes Papier malen kann. „Frau Fuchs hat gesagt, ich soll Blau und
viel Wasser nehmen", antwortet Jule, „dann wird das Blau ganz, ganz,
ganz hell, und das sieht echt aus wie Schnee!" Das würde ihre Mama gerne
sehen. „Hast du denn das Bild dabei?", fragt sie. „Nee!", sagt Jule. „Jetzt
geht es doch noch weiter! Nach dem Malen hat jeder einen großen, weißen
Briefumschlag bekommen, und darauf durften wir schreiben, aber nur mit
unseren roten Farbstiften, und zwar Zahlen! Jeder hat eine andere Zahl
geschrieben. Ich und noch ganz viele andere mussten sogar zwei Zahlen
schreiben. Die hat Frau Fuchs uns aber vorher gezeigt, weil wir ja noch
nicht weiter als bis neun schreiben können."

„Und welche Zahlen stehen auf deinem Umschlag?", will ihre Mama wissen.
„Eine Eins und daneben eine Vier", antwortet Jule. „Weißt du denn auch
noch, wie die Zahl heißt?", fragt ihre Mama weiter. „Vier... ähm... Vier...

Vier... VIERZEHN!", ruft Jule. „Prima!", sagt ihre Mama. Dann überlegt sie kurz und vergewissert sich: „Ihr habt nun also 23 Umschläge mit den Zahlen 1 bis 23 drauf?" „Ja", sagt Jule, „für jedes Bild einen Umschlag, und die hängen jetzt mit Klammern und kleinen Tannenzweigen an einer langen Leine in unserem Klassenzimmer!" „Das sieht bestimmt sehr schön aus", meint ihre Mama. Dann runzelt sie die Stirn und fragt: „Und was macht ihr jetzt mit den Bildern?" „Ha!", ruft Jule. „Siehst du, ich hab's doch gesagt ... das errätst du nie!" „Komm, sag's schon!", bettelt ihre Mama, denn jetzt ist sie richtig neugierig geworden.

„Wir haben einen Erste-Klasse-Geschichtenkalender gemacht!", sagt Jule stolz. „Geschichtenkalender?", fragt ihre Mama und runzelt wieder die Stirn. „Aber da sind doch Bilder und keine Geschichten drin!" „Doch, doch, doch!", jubelt Jule und klatscht in die Hände. „Zu jedem Bild gibt es eine Geschichte!"

„Da hat Frau Fuchs sich etwas sehr Schönes ausgedacht", meint ihre Mama, „dass jeder zu seinem Bild auch noch eine Geschichte erzählen darf." „Nee, nee, nee", sagt Jule und fuchtelt mit den Armen, „das machen wir ganz anders! Pass auf! Morgen, gleich vor der ersten Stunde, darf Finja den Umschlag mit der Eins von der Leine holen und das Bild rausnehmen. Dann darf sie das Bild an die Leine hängen und dann ... dann darf FRAU FUCHS eine Geschichte dazu erzählen!" Wieder klatscht sie in die Hände und freut sich so sehr, dass sie erst mal im Zimmer herumhüpfen muss.

„Heißt das, dass Frau Fuchs sich jeden Tag eine Geschichte ausdenken muss, und das 23 Tage lang?", erkundigt sich ihre Mama besorgt. „Hm, hm", macht Jule, „und dann sind Weihnachtsferien! Das hat Frau Fuchs genau ausgerechnet."

„Ganz schön schlau!", sagt ihre Mama. „Aber sag mal, kann sie das denn, sich so mir nichts, dir nichts zu einem Bild eine Geschichte ausdenken?"

„Klar!", ruft Jule, die immer noch herumhüpft. „Wir haben das doch auch gekonnt! Wir haben uns auch was zu ihren Bildchen ausgedacht ... und sogar noch gemalt!" „Stimmt eigentlich!", sagt ihre Mama und lacht. „Das hat Frau Fuchs auch gesagt. Und weißt du", beruhigt Jule ihre Mama und macht dazu eine großzügige Geste, „wir haben Frau Fuchs versprochen, wenn ihr mal nichts einfällt ... dann können wir ihr ja ein bisschen helfen!"

Geschenkgeheimnisse

Mittwoch ist der Tag, an dem auch am Nachmittag noch Unterricht ist, und an diesem Tag gehen alle Erstklässler zum Mittagessen in die Mensa. Sogar die, die ganz nah bei der Schule wohnen. Denn es ist schon etwas Besonderes, mit seinen Mitschülern gemeinsam zu essen. Aber es gibt noch etwas Besonderes, und zwar nach dem Mittagessen. Nein, das ist nicht der Nachtisch ... das sind die Mitmachgruppen! Da darf nämlich jeder hingehen, bis der Nachmittagsunterricht beginnt. Man muss sich nur entscheiden. Denn es gibt eine Klettergruppe, eine Tanzgruppe, eine Theatergruppe und die Kinderwerkstatt, wo man malen, basteln, sägen, hämmern und sogar töpfern kann.

Heute ist ein besonderer Mittwoch, denn heute treffen sich alle Erstklässler in der Kinderwerkstatt, und das hat seinen Grund: Sie wollen ihre Lehrerin zu Weihnachten überraschen, mit etwas Selbstgemachtem, und das können sie am besten in der Kinderwerkstatt. Da haben sie genügend Platz, das richtige Material und sie haben Marlene! Sie ist keine Lehrerin, aber sie ist für die Kinderwerkstatt da. Zusammen mit ihr haben sich die Kinder auch das Geschenk für Frau Fuchs ausgedacht, und heute ist es nun so weit, heute wollen sie es gemeinsam gestalten.

Als sie in den Kunstraum kommen, ist bereits alles vorbereitet: rote, blaue und gelbe Farbe, dicke Pinsel und ... halt! Das wäre ja noch schöner, wenn hier schon die Überraschung verraten werden würde! Das hat Zeit bis zum letzten Schultag vor den Weihnachtsferien. Solange bleibt es das große Geschenkgeheimnis der ersten Klasse und von Marlene.

Nachdem alle wissen, was zu tun ist, gibt sich jeder richtig viel Mühe. Immerhin soll es ja auch ein richtig schönes Geschenk werden!

Manche wollen die rote Farbe nehmen, einige mögen Blau lieber, andere finden Gelb am schönsten, und wieder andere meinen, dass noch etwas Grün fehlen würde. „Grün gibt's nicht!", stellt Nele fest. „Doch, ihr könnt auch Grün bekommen!", meint Marlene. „Schaut mal alle her!" Sie nimmt einen leeren Behälter, schüttet etwas vom Blau hinein, gibt etwas vom Gelb dazu, rührt um und ... hat GRÜN!

„Du kannst ja zaubern!", ruft Nele und staunt genauso wie die anderen. „Das könnt ihr auch!", sagt Marlene und lacht. „Merkt euch einfach diesen Spruch: Eines weiß ich ganz genau – Grün entsteht aus Gelb und ...?"

„BLAU!", brüllen alle begeistert.

Nach knapp einer Stunde ist das Überraschungsgeschenk fertig. Stolz und zufrieden betrachten alle ihr Werk, und jeder ahnt, dass es von nun an noch schwerer wird, das Geschenkgeheimnis nicht zu verraten!

„Soll ich für euch das Geschenk noch schön einpacken?", fragt Marlene. Oh ja, bitte, das soll sie! „Gut, dann könnt ihr es am nächsten Mittwoch hier bei mir abholen", sagt sie und lächelt verschmitzt, denn sie hat schon eine Idee für eine richtig gute Überraschungsverpackung. Doch das ist jetzt IHR großes Geschenkgeheimnis!

Der Weihnachtswürfel

„Schaut mal raus!", sagt Frau Fuchs. Schwupp, drehen sich 23 Köpfe zu den Fenstern und dann jubeln, grölen und jauchzen 23 Kinder lauthals vor Freude. Draußen fallen wie aus heiterem Himmel so viele dicke Flocken, dass man auf einmal nur noch Weiß sieht. Oh, wie sehr haben sie sich das gewünscht! Und nun, am letzten Schultag vor Weihnachten, geht ihr Wunsch in Erfüllung und sie bekommen endlich jede Menge Schnee geschenkt!

Und endlich brauchen sie auch ihr großes Geschenkgeheimnis nicht mehr länger für sich behalten, sonst wären sie noch geplatzt. Heute ist es nämlich so weit. Alle sitzen im Stuhlkreis und Frau Fuchs soll ihr Geschenk bekommen. Das ist so groß geworden, dass es sie fast umgehauen hat, als sie es in der Kinderwerkstatt holten. Dieser große Packpapierwürfel soll ihr Geschenk sein? Marlene hatte ihren Spaß und musste laut lachen. Dann hat sie ihnen das Spiel zu dem Würfel erklärt: „Der Würfel geht immer reihum, und wer ihn bekommen hat, darf eine der vielen Papierschichten entfernen und die Rechenaufgabe lösen, die dadurch zum Vorschein kommt. So geht es immer weiter, bis es eins plus eins heißt. Achtung, das ist das Zeichen! Nun muss Frau Fuchs den Würfel bekommen!"

Dieses Weihnachtswürfelspiel hatten sie also gerade eben begonnen, als es anfing zu schneien. Und nun, nachdem sie sich genügend über den ersten Schnee ausgejubelt haben, spielen sie auch wieder weiter.

Wer hat den Würfel? Valentin! Er reißt die oberste Papierschicht herunter. Alle schauen gespannt zu. Was purzelt diesmal heraus? Wieder drei Papierschnipsel. Eine Drei, eine Sechs und ein Plus sind darauf zu sehen. „Drei plus sechs!", tönt es, und manche können kaum an sich halten, um das Ergebnis nicht auch gleich noch zu verkünden. Doch das ist Valentins Aufgabe. „Drei plus sechs gibt ... NEUN!", ruft er laut und der Würfel wandert weiter an Jule.

Sie packt eine Sieben, eine Zwei und wieder ein Plus aus. „Sieben und zwei gibt ... wieder NEUN!", ruft sie und gibt Nele den Würfel. Ritschratsch reißt sie das Papier herunter. Diesmal kommen eine Acht, eine Vier und ein Minus zum Vorschein. „Acht minus vier ist vier!", ruft sie.

So macht der Würfel immer weiter die Runde, bis er durch 23 Kinderhände gegangen ist und dabei immer kleiner und kleiner wurde. Jetzt ist er bei Max gelandet. Schnell ausgepackt. Eins plus eins! Das ist ja pipileicht! Und ... das ist DAS Zeichen! Keiner hat es vergessen. „ZWEI!", ruft Max, läuft zu Frau Fuchs hin und drückt ihr den kleinen Würfel in die Hände. Das ging so blitzschnell, dass sie erschrocken „Huch!" ruft.

Jetzt ist sie dran. Vorsichtig wickelt sie das Packpapier ab und ... was fällt ihr in den Schoß? Keine Zahlen, kein Plus und auch kein Minus! „Was ist denn das?", ruft sie begeistert und hält ein buntes Weihnachtspäckchen hoch. „Pack mal aus!", sagt Max, der sich noch gar nicht wieder hingesetzt hat. „Ja! ... Auspacken! ... Auspacken!", rufen alle und klatschen im Rhythmus dazu.

Und Frau Fuchs packt aus. Langsam löst sie die glitzernde Schleife ... wie aufregend das ist! Geduldig entfernt sie die Klebestreifen ... das ist ja zum Beinezappeln! Behutsam schlägt sie das Geschenkpapier auseinander ... jetzt hilft nur noch hinter vorgehaltener Hand kichern!

„Was habt ihr denn da für mich?", fragt Frau Fuchs erstaunt, als sie den Inhalt des Päckchens auseinanderfaltet. „Kinder, das ist ja eine ..." „SCHÜRZE!", brüllen alle erleichtert. Puh, viel länger hätten sie es aber auch nicht mehr ausgehalten!

„Ist das eine tolle Idee!", ruft Frau Fuchs und hält die Schürze mit ausgestreckten Armen von sich. „Sagt mal, sind das alles eure Hände?", fragt sie und betrachtet die vielen bunten Hände auf dem weißen Stoff. „Hm, hm", machen alle und strahlen dazu wie mindestens 23 Weihnachtskerzen!

„Danke, danke, danke!", flüstert Frau Fuchs gerührt. Dann bindet sie ihr Geschenk um und verkündet freudig: „Wisst ihr was ... die schöne Schürze kommt gerade zur rechten Zeit! Ich hab nämlich noch kein einziges Plätzchen gebacken. Aber mit sooo vielen Händen werde ich im Handumdrehen locker bis Weihnachten fertig!"

Eine rasende Rolle

Heute geht Max gleich nach dem Mittagessen in die Theatergruppe zu Frau Fröhlich. In dem Theaterstück, das sie einstudieren, spielt er einen Marienkäfer. Das ist zwar nur eine kleine Rolle, doch sie gefällt ihm. Max hat seinen Text gut auswendig gelernt, aber er kann sich nicht konzentrieren. Er muss dringend aufs Klo. Schnell sagt er Frau Fröhlich Bescheid und eilt leise zur Tür hinaus, um die anderen nicht zu stören.
Im Schulhaus ist es ganz still. Max läuft den langen Gang entlang. Er beeilt sich. Noch am Sekretariat vorbei, dann kommen auch schon die Jungen-Toiletten. Alle Kabinen sind leer. Max nimmt die mittlere und verschließt die Tür. Uff, geschafft! Schnell zieht er seine Hose herunter und setzt sich. Jetzt geht es ihm besser. Aber ... Mist! An der Klopapierrolle hängt kein einziges Blatt mehr!

„Was jetzt?", denkt Max. „Soll ich mit Hosen runter rüber in die andere Kabine? Und was ist, wenn gerade dann jemand reinkommt!" Nein! Das macht er auf gar keinen Fall! Soll er vielleicht laut rufen? Doch wer könnte ihn hören? Frau Röslein, die Schulsekretärin? Ihr Büro ist ganz in der Nähe, aber sie ist am Nachmittag nicht da. Also gut, dann muss er eben warten. Irgendwann wird schon irgendwer auch müssen. Da ist er sich ganz sicher! Er schlenkert mit den Beinen und schaut sich um. Die Kabinenwände und die Tür sind voll mit komischen Kritzeleien. Einige Buchstaben kann er schon lesen, aber die ganzen Wörter noch nicht. Max schaut nach oben. Auf der Lampe über ihm krabbelt eine Spinne. „Wenn ich jetzt eine Spinne oder wirklich ein Marienkäfer wäre, dann könnte ich unter der Trennwand durchkrabbeln und mir Klopapier holen und ... Du spinnst, Käfer brauchen doch kein Klopapier!", denkt er und muss über sich selber lachen.

„Sagt mal, wo bleibt denn Max so lange?", fragt Frau Fröhlich in die Runde. „Er wollte doch nur mal schnell auf die Toilette. Timo, bitte geh und sieh nach, was los ist. Und beeil dich, wir wollen weitermachen!" Timo rennt den langen Gang entlang und öffnet die Tür zu den Jungen-Toiletten. Nur eine Kabine ist besetzt. „Max, bist du da drin?", ruft er. Von drinnen kommt ein erleichtertes „Ja!". „Was machst du denn da so lange?", fragt Timo weiter. „Ich warte!", antwortet Max. „Hä?", fragt Timo verdutzt. „Du sitzt hier und wartest? Worauf denn?" „Auf Klopapier!", tönt es hinter der Tür.

Einen kurzen Moment lang ist Timo sprachlos. „Auf Klopapier?", denkt er und kratzt sich am Kopf. Dann ist der Groschen gefallen. „Alles klar! Kommt sofort!", ruft er und verschwindet in der Kabine links von Max. Schnell nimmt er die Papierrolle vom Halter, legt sie auf den Boden und gibt ihr einen kräftigen Schubs, so kräftig, dass sie unter der Trennwand hindurch zu Max hinüberrollt. Aber – HALT! – Max ist nicht schnell genug! Die Rolle saust an ihm vorbei, und verschwindet in der Kabine rechts neben ihm. Genau in diesem Augenblick fällt dort die Tür ins Schloss. „Hey, was soll das?", fragt eine ältere Jungenstimme, und im nächsten Moment saust die Rolle auch schon zurück und wieder an Max vorbei, geradewegs hinüber zu Timo. „Mensch, halt sie doch fest!", brüllt der und schickt die Rolle auf demselben Weg noch einmal zu Max. Diesmal klappt es! „Ich hab sie!", ruft er und reißt sich rasch ein paar Blätter ab. Dann lässt er die Rolle langsam wieder in Timos Kabine zurückrollen. „So, die ist jetzt auch leer!", verkündet Timo von nebenan. Denn bei dem ganzen Hin- und Hergerolle hat sie sich voll-kommen abgerollt und eine lange, weiße Papierstreifenspur auf dem Boden hinterlassen.

„Fertig?", fragt Timo. „Fertig!", antwortet Max, der sich nach dem Hände-waschen noch eben die Hände abtrocknet. Die beiden wollen gerade gehen, da öffnet sich ruckartig die Kabinentür hinter ihnen und ein großer Junge tritt heraus.

„Sagt mal! Was macht ihr denn für 'n Quatsch", schimpft der Junge und verlässt kopfschüttelnd die Toilette. Dabei rennt er beinahe Frau Fröhlich um, die nun selbst nachsehen will, warum die beiden Jungs nicht wieder-kommen.

„Wo bleibt ihr denn? Was habt ihr denn so lange gemacht?", fragt sie und sieht dabei zuerst den großen Jungen an. „Klorollenspiele!", antwortet dieser. „Die beiden machen Klorollenspiele!", und er lacht, als er an Frau Fröhlich vorbeigeht.

„Klorollenspiele?", fragt sie und runzelt die Stirn. Sie schaut zu Max ... sie schaut zu Timo ... und dann ... schaut sie auf den papierbedeckten Boden. „Wart ihr das?", fragt sie die beiden. Sie nicken und wollen ihr gleich erklä-ren, wie es dazu kam, nämlich ganz anders, als Frau Fröhlich denkt.

Aber sie will das nicht hören, jetzt jedenfalls nicht. Sie will, dass die beiden sofort das Papier wegräumen und schleunigst zurück ins Klassenzimmer kommen. Dann können sie ihr gerne erklären, was passiert ist.
Aber das will Max nicht. Vor der Klassenzimmertür bleibt er stehen. Er verschränkt die Arme vor der Brust, schaut zu Boden und flüstert mit finsterer Miene: „Ich will das aber nur Frau Fröhlich erzählen und nicht all den anderen!" Dann schaut er Timo an und bittet ihn: „Und du, Timo, du sagst doch auch nichts, oder?" „Nee, mach ich nicht!", antwortet dieser. „Versprochen?" – „Versprochen!"
Mit diesem Erstklässlerehrenwort betreten sie gemeinsam das Klassenzimmer und sind erleichtert, dass Frau Fröhlich sie nicht weiter beachtet. Und weil sie gleich mit der Probe fortfährt, gibt es auch für die anderen keine Gelegenheit, Max und Timo auszufragen.

Aber nach der Theatergruppe, als alle schon draußen sind, gehen die beiden doch noch zu Frau Fröhlich und erzählen ihr alles. Sie hört mit ernster Miene zu, bis zu der Stelle, als Max die hin- und herrasende Rolle beschreibt. Da kann sie nicht mehr an sich halten und prustet los:
„Eine rasende Rolle! Kinder, dazu fehlt jetzt nur noch das Theaterstück!"
Jetzt müssen die Jungs genauso lachen und Max findet das Ganze auch nur noch komisch. Aber wenn er wieder mal muss, guckt er zuerst nach der Klorolle. Das hat er sich geschworen!

Finn ohne Fähne

„Was machen denn die Erstklässler heute?", denkt Frau Röslein kopfschüttelnd, als sie nach der großen Pause an deren Tür vorbeiläuft. Und man kann verstehen, dass sie sich wundert, so laut, wie es dahinter zugeht. Hätte Frau Röslein die Tür geöffnet und in die Klasse geschaut, wäre ihre Frage gleich beantwortet gewesen. Denn die Erstklässler machen heute in den letzten beiden Schulstunden ihr Erste-Klasse-Klassenfoto! Schon seitdem sie das letzte Foto bei der Einschulungsfeier nicht mehr machen konnte, hat Frau Fuchs eine lustige Idee, und gerade jetzt, zur Faschingszeit, passt sie erstklassig!

„Kinder, nun ist schon das erste Schulhalbjahr vorüber!", sagt sie. „Und erinnert ihr euch noch an den Tag, als ihr hier zum ersten Mal gesessen seid?" „Jaaa!", brüllen alle. „Da hatten wir unsere Schultüten dabei!", ruft Nele. „Stimmt", sagt Frau Fuchs. „Und wisst ihr noch, dass wir Fotos gemacht haben?" „Jaaa!", brüllen wieder alle. „Aber da find wir nicht fertig geworden!", ruft Finn von hinten vor. „Und weißt du auch noch, warum?", fragt Frau Fuchs. „Weil die Feit vorbei war!", antwortet Finn. „Hä, die Feit? Was ist denn die Feit?", fragen alle und drehen sich ungläubig zu ihm um. Er schaut sie an und wiederholt: „FEIT ... die Feit war rum!" „Ach, du meinst die ZEIT!", sagt Nele. „Fag ich doch!", meint Finn und grinst. Und nun sehen es alle ... Finn hat vorne keine Zähne mehr! Zwischen seinen Eckzähnen ist ein einziges großes Loch!

„Finn ohne Fähne!", ruft Florian und alle sehen ihn verblüfft an. Florian zieht seine Oberlippe hoch und schaut in die Runde. Du meine Güte, er hat da vorne auch nur noch ein schwarzes Loch!

Schon geht ein Kichern und Gackern durch die Reihen, sodass Frau Fuchs alle Mühe hat, wieder für Ruhe zu sorgen. „Das ist doch ganz natürlich, dass die vorderen Milchzähne in diesem Alter rausfallen", sagt sie. „Also beruhigt euch wieder und stellt euch jetzt bitte vor der Tafel auf, die Großen hinten, die Kleineren vorne. Wisst ihr noch, wie?" „Jaaa!" ... „Neiiin!", rufen alle laut durcheinander und schubsen sich hin und her und drängeln sich vor der Tafel. Und obwohl man sich nicht vorstellen kann, wie mit diesem Kinderknäuel jetzt noch ein gutes Foto gelingen soll, schaffen sie es, und bald stehen 23 Erstklässler wie die Zinnsoldaten vor der Tafel, die Großen hinten, die Kleineren vorne, und blicken starr auf Frau Fuchs und in ihre Kamera und lächeln und grinsen – mit Zahnlücke, ohne Zahnlücke –, bis sie endlich abdrückt. „Halt! Gleich noch eins!", ruft sie schnell. Noch mal lächeln und grinsen und ... „Prima! Danke! Das war's!", sagt sie zufrieden und legt ihre Kamera zur Seite.

Kaum hat sie sich umgedreht, scharen sich auch schon alle um Finn und Flo. „Lasst mal sehen!" ... „Sind die wirklich alle raus?" ... „Zeigt mal!", plappern sie durcheinander. Aber ... „Hey! Der Flo hat uns angeschmiert!", rufen ein paar entrüstet. „Der hat seine Zähne gar nicht draußen! Der hat was draufgemalt!" „Waaas?", fragt Frau Fuchs und schaut sich Florian genauer an. „Das ist ja ein Ding!", sagt sie und muss schallend lachen, als sie nun auch seine pechschwarzen Schneidezähne sieht. „Da hast du uns aber gründlich reingelegt. Das ist tatsächlich Zahnlack!" Florian lächelt sie verschmitzt an. „Wo hast du den denn her?", erkundigt sie sich. „Von meinem Papa, der war als Seeräuber beim Fasching, und da hat er sich damit vorne eine Zahnlücke gemalt!", antwortet Florian. „Und warum hast du das jetzt auch gemacht?", fragt Frau Fuchs weiter. „Weil ich mir einen Spaß machen wollte und weil doch Fasching ist und ... weil der Finn dann nicht alleine ohne Fähne ist!", meint Florian und legt einen Arm um seinen Freund.

Und nun müssen alle so laut lachen, dass sie gar nicht hören, dass es schon zweimal an der Tür geklopft hat. „Seid bitte mal ruhig!", ruft Frau Fuchs und hält schnell den stillen Fuchs in die Höhe. „Hat es nicht gerade geklopft?", fragt sie und lauscht. Im Nu ist es fuchsmäuschenstill. Da klopft es wieder. „Herein!", ruft Frau Fuchs und alle blicken neugierig zur Tür. Diese öffnet sich und herein kommt … ein riesiger Karton und dahinter Hausmeister Hämmerle, der ihn vor sich her schiebt.

„Das soll ich hier abgeben!", sagt er und zwinkert Frau Fuchs zu. Als er wieder geht, ruft er noch in der Tür: „Na, dann viel Vergnügen!" „Danke schön!", sagt sie und geht zu dem Karton, um den sich inzwischen alle Kinder neugierig versammelt haben. „Was da wohl drin ist?", fragt sie geheimnisvoll, während sie ihn langsam aufmacht.

„Wooow!", rufen alle, als sie sehen, was Frau Fuchs jetzt der Reihe nach aus dem Karton holt … „Wooow!" Da kommt ein kleiner schwarzer Zylinder zum Vorschein, ein Cowboyhut aus Leder, eine riesige Kochmütze, ein Haarreif mit zwei Katzenohren, eine grüne Perücke, eine weiße Bäckermütze, vier glitzernde Kronen, Indianerhäuptlingsschmuck aus weißen Federn, ein Feuerwehrhelm, noch mal eine Perücke mit abstehenden roten Zöpfen, eine echte, blaue Polizeimütze, zwei weiße Schlumpfmützen, ein großer, bunt gemusterter Sombrero, eine braune Kappe mit zwei langen

Hasenohren, ein richtiger Brautschleier, drei zerknautschte Omahüte, mehrere rote Clownnasen, jede Menge alte Brillengestelle ohne Gläser und ... zwei schwarze Augenklappen!

„Na, Finn und Florian, das ist doch genau das Richtige für euch!", sagt sie und zieht dazu auch noch zwei Tücher aus dem Karton. „Wenn ihr euch die noch um den Kopf bindet, stehen die Seeräuber super da!"

Und nicht nur die Seeräuber! Nach einigem Hin und Her und An- und Ausziehen stehen alle 23 Erstklässler super da! Die Großen hinten, die Kleineren vorne, und alle blicken starr auf Frau Fuchs und in ihre Kamera und lächeln und grinsen ... und wer ist jetzt was?

Ob die Mamas und Papas ihre Kinder wohl erkennen, wenn sie später die beiden Fotos sehen? Auf dem Klassenfoto bestimmt. Aber auf dem Faschingsfoto? Da sehen wohl nur die Eltern von Finn und Florian, welches ihr Junge ist ... natürlich der mit der Zahnlücke! Na so was ... davon gibt es doch tatsächlich ZWEI!

Zwei fahnlofe Feeräuber! Und welcher ist Finn ... und welcher Flo?

Fenstervögel

„HIPP-HIPP! HURRA-HURRA! Im Sport sind alle da! Sport macht mutig, stark und fit. Darum machen alle mit!"

So tönt es in der Turnhalle, denn heute haben die Erstklässler in der zweiten Stunde Sportunterricht. Und der fängt immer damit an, dass alle Hand in Hand im Kreis stehen und ihren Spruch laut in die Halle rufen. Und er hört jedes Mal damit auf, dass alle ganz still im Kreis auf dem Rücken liegen und sich vorstellen, sie wären am Strand und ihr Körper drückt sich in den warmen, weichen Sand. Am Anfang, als das noch neu für sie war, mussten sie dabei immer gackern und kichern. Aber jetzt mögen sie diese Übung so gerne, dass sie sogar die Augen schließen.

„BONG!", macht es plötzlich, und 23 Kinder öffnen blitzartig ihre Augen und gucken erschrocken an die Hallendecke. Was war das? Der Schulgong war es nicht, der hört sich anders an. „Oje, das war ein Vogel!", sagt Frau Fuchs.

Sie konnte genau sehen, wie er gegen die Scheibe flog, denn sie lag als einzige nicht im warmen Sand. Und das tun die Kinder nun auch nicht mehr. Schon sind alle aufgestanden und wollen sofort nach dem Vogel sehen.

„Zuerst müsst ihr euch wieder umziehen!", übertönt Frau Fuchs das aufgeregte Durcheinander. Alle stürmen in die Umkleideräume. So schnell wie jetzt waren sie noch nie! Schon nach wenigen Minuten stehen sie fertig umgezogen mit ihren vollgestopften Turnbeuteln vor der Turnhallentür und warten, dass sie mit Frau Fuchs nach draußen hinter die Halle gehen können. „Wenn der Vogel sich verletzt hat, dann ist er bestimmt noch da!", sagt sie. Und so ist es auch!

Dort im Gras kauert ein schwarzer Vogel mit einem goldgelben Schnabel. „Das ist eine Amsel!", sagt Frau Fuchs und geht in die Hocke. Alle drängeln

sich um sie. „Ist sie verletzt?" „Kann man was sehen?" „Was hat der Vogel?"
„Ist er tot?", fragen sie durcheinander. „Nein, tot ist er nicht", meint Frau
Fuchs, „denn er bewegt seine Augen und atmet noch!" „Oh, die arme Amsel!",
flüstert Anna, die neben Frau Fuchs hockt. „Was machen wir jetzt mit ihr?",
fragen die Kinder besorgt. „Wir nehmen sie erst mal mit, denn hier ist sie
vollkommen schutzlos", antwortet Frau Fuchs.

Langsam und vorsichtig schiebt sie eine Hand unter den Vogel und legt
rasch die andere Hand über sein Gefieder, sodass nur noch der kleine Kopf
mit den großen schwarzen Augen herausschaut. „Ihr kleines Herz schlägt
ganz schnell", sagt sie. Und die Amsel wie einen Schatz in ihren Händen
haltend, geht sie langsam zurück zum Schulgebäude, umringt von ihren
Erstklässlern, die aufgeregt miteinander reden und ziemlich bekümmert
dreinschauen. Ach, die arme, arme Amsel!

„Das Erste, was der Vogel braucht, ist Ruhe!", sagt Frau Fuchs, als sie
wieder im Klassenzimmer sind. Und obwohl ihr der stille Fuchs jetzt nicht
zur Hand gehen kann, weil sie keine Hand frei hat, wird es im Nu ganz still
in der Klasse.

„Das Zweite, was er braucht, ist ein geschütztes Plätzchen", meint sie, und
schon helfen alle mit. Timo und Max holen den Karton mit den bunten Pa-
pieren aus dem Regal, Konrad hilft mit, ihn auszuräumen, Nele, Emma und
Pia haben inzwischen schon jede Menge Papierhandtücher aus dem Spender
gezogen, und mit Annas und Katharinas Hilfe stopfen sie den leeren Karton
damit aus. „Prima!", sagt Frau Fuchs. „Das genügt jetzt, denn die Amsel
braucht ja auch noch ein bisschen Platz!" Behutsam setzt sie den Vogel in
den weich ausgepolsterten Karton. „Es sieht nicht so aus, als ob er verletzt
wäre", meint sie erleichtert und alle atmen auf.

„Jetzt macht er den Schnabel ganz weit auf!", verkündet Pia. „Vielleicht hat er Hunger!", meint Max. „Oder Durst", sagt Emma. „Ich glaube eher, dass er von dem Aufprall immer noch sehr benommen ist", sagt Frau Fuchs, die sich jetzt gründlich die Hände wäscht. „Wir sollten ihn einfach mal in Ruhe lassen. Später können wir ihm immer noch was zu fressen und zu trinken geben." Vorsichtig trägt sie den Karton zu ihrem Tisch, der direkt neben einem Fenster steht.

„Hoffentlich fliegt hier kein Vogel dagegen!", meint Finn besorgt und zeigt auf die Fensterreihe. „Damit das nicht passiert, werden wir jetzt Fenstervögel basteln", sagt Frau Fuchs. „Wisst ihr, was das ist?" Die Kinder überlegen. Fenstervögel? Sie schütteln die Köpfe. „Doch, ich glaube, ich weiß, was das ist!", ruft Heiner. „Das sind so große, schwarze Vögel aus Papier.

Die klebt man an die Scheibe, und wenn die richtigen Vögel sie sehen, fliegen sie nicht dagegen." „Das hast du gut erklärt, Heiner", meint Frau Fuchs, „und weil das bunte Papier schon so wunderbar bereitliegt, machen wir bunte Fenstervögel. Aber wir nehmen nur die dunklen Farben, damit unsere Vögel gut zu sehen sind!"

„Wie sieht denn so ein Fenstervogel aus?", fragt Nele. „So etwa!", sagt Frau Fuchs und malt einen großen Vogel mit ausgebreiteten Flügeln an die Tafel. Aha. Na, dann kann es jetzt losgehen! Sie malen und schneiden und malen und schneiden, und Frau Fuchs kommt kaum hinterher, die vielen großen und kleinen Vögel an die Scheiben zu kleben. Und während die Kinder leise und fleißig bunte Vögel basteln, sitzt der schwarze Vogel in seinem Karton und ruht sich von dem Schreck aus.

„Schööön!", rufen alle, als auch der letzte Papiervogel an seinem Platz ist und sie ihr farbenfrohes Fensterkunstwerk bewundern. Als ob die Amsel es gehört hätte und nachsehen will, was da so „schööön!" ist, flattert sie in diesem Augenblick hoch und setzt sich auf den Rand des Kartons. „Oh!", ruft Frau Fuchs, die ein bisschen er- schrocken ist, und öffnet rasch das Fenster neben ihrem Tisch. Verwundert blicken alle zu Frau Fuchs und sind sprachlos, als sie die Amsel sehen. Wieder flattert sie ein wenig. Aber sie klammert sich weiterhin auf dem Kartonrand fest. Still und gespannt beobachten sie alle. Was wird sie tun? Sie macht zwei kleine Hüpfer und wippt ein paar Mal mit dem Schwanz. Jetzt breitet sie ihre Flügel aus, flattert hoch zum offenen Fenster

107

und ... setzt sich auf den Fensterrahmen! Dann dreht sie ihren Kopf nach allen Seiten, als ob sie sich noch bei jedem verabschieden wollte, und ... WUSCH! ... fliegt hinaus in den freundlichen Frühlingshimmel.

Staunend und noch immer sprachlos schauen die Kinder der Amsel hinterher. Und nicht nur sie, auch Frau Fuchs. „Wie gut, dass sie nun wieder fit ist!", sagt sie dann freudig und schließt das Fenster. „Ja, aber auch schade", meint Max, „jetzt konnten wir sie gar nicht mehr füttern!" Das finden die anderen auch. Und überhaupt, sie hätten den Vogel gerne noch ein bisschen länger bei sich gehabt. „Dafür habt ihr jetzt doch ganz viele Vögel!", tröstet sie Frau Fuchs. „Und die sind sogar kunterbunt und fliegen nicht fort!"

„Und machen keine Flecken!", ruft Emma und zeigt auf einen dicken weißen Klecks auf dem Fenstersims. Jetzt gackern alle los, und mit dem Lachen kommt die Freude. Denn eigentlich ist doch jeder froh, dass der Vogel wieder frei ist.

Damit aber dasselbe nicht noch einmal passiert, wenn sie in der Sportstunde mal wieder im warmen Sand liegen, haben sie nach und nach noch mehr Papiervögel gebastelt. Und dieser bunte Vogelschwarm schmückt nun die Fenster der Turnhalle!

Ein gruseliger Gartenweg ...

Anna und Katharina haben es gut. Sie wohnen ganz in der Nähe der Schule und nur zwei Häuserblocks voneinander entfernt. Deshalb können sie immer zusammen zur Schule hin- und wieder zurückgehen. „Mein Bruder hat gesagt, dass er immer durch den Garten vom alten Griesgram gelaufen ist", meint Anna, als die beiden Mädchen an diesem Morgen unterwegs sind. „Wer ist denn der alte Griesgram?", will Katharina wissen. „Der wohnt hier", antwortet Anna und zeigt auf ein älteres Haus, das von einer hohen Hecke umsäumt ist. „Er heißt eigentlich Priesmann oder so, aber Sven nennt ihn Griesgram, weil er so unfreundlich ist." „Und warum ist dein Bruder bei dem durch den Garten gegangen?", erkundigt sich Katharina. „Weil das die allerbeste Abkürzung ist!", verkündet Anna. „Dann muss man nämlich nicht den großen Bogen laufen und kommt direkt in der Schulstraße raus." „Los, komm, das machen wir auch!", ruft Katharina begeistert. „Jaaa ... aber ... ", druckst Anna herum. „Weißt du, wir dürfen uns nicht erwischen lassen!" „Was ist dann?", fragt Katharina. „Dann gibt's Ärger mit dem Griesgram", erwidert Anna.

„Sollen wir oder sollen wir nicht?", flüstert Katharina und öffnet dabei ganz langsam die Gartentür. „Wir sollen", haucht Anna, und beide schlüpfen gleichzeitig hindurch, sodass sie mit ihren Schulranzen fast drin stecken bleiben und aneinanderrumpeln. Kichernd rennen sie über den noch feuchten Rasen. Hinter einer großen Tanne neben dem Haus bleiben sie stehen und ducken sich.

Von hier aus bis zum Gartenweg, der durch den großen Gemüsegarten führt, sind es noch einige Schritte. Aber dort müssen sie hin! Anna lugt vorsichtig hinter der Tanne hervor in Richtung Haustür. „Siehst du was?", fragt Katharina hinter ihr. „Nö", flüstert Anna. „Was ist, wenn er jetzt

110

rauskommt?", wispert Katharina und lugt hinter Anna vor. Die Haustür ist geschlossen und es ist ganz still. „Bei drei laufen wir los!", raunt Anna. „Eiiins ... zweiii ... DREI!" Sie rast los, dicht gefolgt von Katharina. Jetzt haben sie den Gartenweg erreicht. Er ist nicht sehr breit, und sie müssen aufpassen, dass sie nicht auf die Beete treten. „Aua!", ruft Anna und bleibt auf einmal stehen. Katharina rennt fast auf sie drauf. „Was hast du?", fragt sie. „Einen Stein im Schuh", sagt Anna und bückt sich, um ihren Schuh auszuziehen. Katharina dreht sich um. Sie schaut zum Haus. Alles ist unverändert und die Tür geschlossen. Aber wie lange noch? „Beeil dich!", drängelt Katharina. Anna angelt auf einem Bein hüpfend nach ihrem Schuh.

Kaum ist sie drin, rennen sie auch schon wieder los und auf eine lange Reihe Beerenbüsche zu. Anna bleibt kurz stehen. „Da lang!", keucht sie und zeigt nach rechts. Und weiter geht es, zwischen mehreren Regenfässern hindurch, vorbei an einem alten Leiterwagen bis zu einem Gartenhäuschen. „Hinter dem Haus kann man leicht durch die Hecke schlüpfen!", erklärt Anna und geht auf das kleine Haus zu.

Es ist vollkommen mit Efeu bewachsen, einer der Fensterläden hängt herab. Eine Tür sehen sie nicht, sie scheint auf der anderen Seite zu sein. „Wie ein Hexenhaus", meint Katharina, als sie nahe herankommen. „Psst!", macht Anna und bleibt ruckartig stehen. „Was ist?", haucht Katharina. „Ich weiß nicht!", flüstert Anna. Sie lauschen und hören die Autos von der Schulstraße. Dann wird es wieder still. Unheimlich still. Sie pressen sich an die Hauswand direkt unter dem Fenster und dann rasen sie los und verschwinden blitzschnell durch die Hecke.

„Das ging doch gut!", keucht Katharina. „Hm, hm, und schön schnell!", meint Anna atemlos. „Und schön gruselig war es auch!", sagt Katharina und schüttelt sich.

Das findet Anna auch, und deshalb beschließen sie, beim Nachhauseweg gleich wieder durch Griesgrams Garten abzukürzen. Denn irgendwie macht Gruseln unheimlich Spaß!

112

... und ein großes Gartengeheimnis

Komisch, die letzte Schulstunde kommt Anna und Katharina heute viel länger vor als sonst. Endlich ertönt der Gong, und als ob sie darauf gewartet haben, springen sie sofort auf, packen ihre Sachen in ihre Ranzen, rufen „Tschüs!" ... und weg sind sie. Bei der großen Hecke hören sie auf zu rennen. Anna hakt sich bei Katharina ein. Ihre Schritte werden langsamer. Ob sie die Stelle wohl gleich wiederfinden, wo sie am Vormittag hindurchgeschlüpft sind? „Hier ist es!", sagt Katharina. Anna dreht sich schnell noch einmal um ... und im nächsten Augenblick sind beide in der Hecke verschwunden.

Vor ihnen liegt der Garten und das Gartenhaus. Niemand ist zu sehen. Anna und Katharina fassen sich an den Händen. Sie schauen sich an ... ein kleiner Händedruck ... das ist das Zeichen! Sie rennen bis zur Hinterseite des Hauses und lauschen. Alles ist still. Die Geräusche von der Schulstraße hinter ihnen nehmen sie kaum noch wahr.

Nach einem Weilchen deutet Katharina auf die Regentonnen. Anna nickt, sie lassen sich los, und weiter geht es dorthin und ohne Pause gleich zu den Beerenbüschen.

Zwischen den ersten Büschen bleiben sie atemlos stehen. Jetzt erst einmal tief Luft holen, und dann heißt es allen Mut zusammennehmen für den langen, schnurgeraden Gartenweg. Da gibt es kein einziges Versteck! Denn hinter Gemüsestauden, Salatköpfen oder Kräuterbüscheln kann ein großes Mädchen wohl kaum in Deckung gehen.

„Jetzt wär ich gern ein Zwerg!", sagt Katharina leise. „Ja, ein Gartenzwerg!", flüstert Anna und beide kichern los. Sie können gar nicht mehr aufhören und kichern noch, als sie schon auf dem Gartenweg sind. Man könnte meinen, sie hätten vergessen, dass dies der gefährlichste Teil ist.

113

Sie rennen und ziehen ihre Köpfe so ein, dass sie hinter dem Ranzen fast verschwinden. Dabei schauen sie nicht nach links, nicht nach rechts und schon gar nicht zum Haus hinüber. Ob sie wohl glauben, wenn sie nichts sehen, werden sie auch nicht gesehen? Nicht einmal als der Weg in den Rasen übergeht, halten sie an, sondern sausen gleich weiter bis zu der großen Tanne.

"Puuh!", stöhnt Katharina und bleibt atemlos neben Anna stehen. Jetzt müssen sie nur noch zur Gartentür kommen. „Das ist ja eine Kleinigkeit!", denken sie. Aber das ist es NICHT!

Plötzlich hören sie Schritte. Schnell verkriechen sich die Mädchen unter den ausladenden Ästen des Baumes. Die Schritte kommen näher. Anna klammert sich an Katharinas Arm, als sie eine tiefe Stimme sagen hört: „Die müssen doch da sein! Sie können doch nicht einfach weg sein!" Die beiden starren sich entsetzt an und haben nur einen Gedanken: „Der Griesgram!"

Hat er sie etwa doch gesehen und sucht nun nach ihnen? Anna schiebt die Tannenzweige ein ganz kleines Stück zur Seite. Jetzt können sie ihn sehen. Tief gebückt sucht er Stückchen für Stückchen den Rasen ab. Und sie stellen zu ihrer Erleichterung fest: Nach ihnen sucht er so weit unten ganz gewiss nicht!

Aber was sollen sie tun? So lange warten, bis er das, was er sucht, gefunden hat und sie dann unbemerkt entwischen können? Oder einfach aus ihrem Versteck hervorkommen und ihm beim Suchen helfen? Sie sind hin- und hergerissen, und je länger sie den alten Mann beobachten, desto lieber wollen sie ihm helfen.

Sie krabbeln langsam unter den Zweigen hervor. Während sie im Schneckentempo auf Herrn Priesmann zugehen, fassen sie sich vorsichtshalber an den Händen. Erst als sie schon knapp vor ihm stehen, richtet er sich ruckartig auf und fragt: „Wo kommt ihr denn her?" „Von der Schule!", erwidern beide schnell und wie aus einem Mund. „Und was macht ihr in meinem Garten?", erkundigt er sich. „Ähm ... wir ...", stammelt Anna. „... wollten Ihnen beim Suchen helfen!", kommt ihr Katharina blitzschnell zu Hilfe. Herr Priesmann schaut die Mädchen lange schweigend an. So lange, dass ihre Hände langsam anfangen aneinanderzukleben.

Endlich kommt aus seinem wuscheligen Bart ein lang gezogenes „Sooo ... suuuchen!". Die beiden nicken und schauen unschuldig zu ihm hoch, in zwei freundlich blickende Augen. „Ja, wenn das sooo ist", sagt Herr Priesmann und lächelt verschmitzt, „dann kommt ihr gerade recht!" Und dann erzählt er ihnen, dass er seine Schlüssel verloren und schon den ganzen hinteren Teil des Gartens danach abgesucht hat.

Noch etwas schüchtern, aber sehr erleichtert machen sich Anna und Katharina mit ihm auf die Suche nach den Schlüsseln. Sie suchen überall, auf dem Rasen und rund ums Haus, doch nirgends ist sein Schlüsselbund zu finden.

Ratlos setzt sich Herr Priesmann auf die obere Stufe vor der Haustür. Da fällt Annas Blick auf einen Korb, der neben der Steintreppe steht. Er ist randvoll mit Johannisbeeren – und was liegt mittendrin? ... Die Schlüssel! „Na so was!", sagt Herr Priesmann. „Die müssen mir wohl hineingefallen sein, als ich mich gebückt habe. Ich Dummkopf suche hinten bei den Beeren und vorne in den Beeren liegen sie!" Er lacht, und da müssen Anna und Katharina auch lachen.

Herr Priesmann erhebt sich mühsam und verschwindet im Haus. Kurz darauf kommt er mit zwei Spankörbchen zurück. „Die dürft ihr mit Johannisbeeren füllen und mit nach Hause nehmen", sagt er. „Bald gibt es auch Himbeeren, Stachelbeeren und Brombeeren. Aber natürlich nur, wenn ihr wieder durch meinen Garten abkürzen wollt!" Anna und Katharina schauen ihn verdutzt an. Hat er sie am Ende doch gesehen? Er sagt nichts und zwinkert ihnen nur schelmisch mit einem Auge zu.

An diesem Tag kommen Anna und Katharina trotz Abkürzung viel zu spät nach Hause. Ihre Mamas wollten gerade schon anfangen, sich Sorgen zu machen. Aber als sie die Johannisbeeren sehen und von der Schlüsselsuche hören, sind sie erleichtert und freuen sich, dass sie so hilfsbereite Töchter haben.

Die Abkürzung durch den Garten aber bleibt Annas und Katharinas großes Geheimnis ... ihr großes Gartengeheimnis. Und dass es nun gar nicht mehr gruselig ist, macht ihnen überhaupt nichts aus!

Pausenpicknick

„Hey, Jakob, was machst du denn für ein Gesicht?", fragt Lars, als Jakob am Anfang der großen Pause auf seinen Schulpaten zugeht. „Ich hab mein Pausenbrot vergessen und Riesenhunger!", jammert Jakob. „Und deine Brezel-Oma?", erkundigt sich Lars. „Hast du von ihr heute keine Brezel bekommen?" „Nee, eben nicht!", antwortet Jakob. „Meine Oma ist doch heute verreist, und da hat mich Valentins Mama zu Hause abgeholt, und die kam so früh, dass ich meine Brotbox vergessen hab!" „Hm", macht Lars. „Ich hab mein Brot leider schon gegessen. Aaaber ... ich hab da eine Idee! Warte mal kurz!", sagt er und verschwindet auf dem Schulhof. Jakob schaut ihm hinterher und sieht, wie er mit Finn und Flo redet, auf Emma, Marla und Jule zugeht, und dann verliert Jakob ihn aus den Augen.

Kurz darauf kommt Lars zu ihm zurück. „Komm!", sagt er und führt Jakob zum Kletterturm. Dort auf dem Rasen sitzen Heiner, Pia, Nele, Finn, Flo und Valentin im Kreis. Valentin klopft mit der linken Hand auf den Rasen. „Hier, setz dich!", sagt er, und jetzt versteht Jakob erst, warum sie hier im Kreis sitzen und auf ihn warten. In ihrer Mitte liegt nämlich Pias Strickjacke, fein säuberlich ausgebreitet, und darauf stehen sechs Trinkflaschen, und dazwischen liegen vier Aprikosen, eine Nektarine, drei Karotten, eine Tüte mit einem angeknabberten Sandwichbrötchen, eine Box mit Gurkenscheiben, ein Apfel und fünf belegte Brote, von denen drei schon ein bisschen angebissen sind. „Boah, danke!", sagt Jakob und lässt sich freudestrahlend neben Valentin in den Rasen plumpsen.

„Viel Spaß beim Pausenpicknick!", sagt Lars lachend und gibt Jakob einen kleinen Stups. „Danke!", sagt Jakob, und dann ruft er seinem Schulpaten noch hinterher: „Und ... ey, Lars! Morgen bring ich dir eine Oma-Brezel mit!" Alle bis auf Valentin schauen Jakob fragend an. Oma-Brezel? Was ist das denn?

„Meine Oma kauft mir manchmal auf dem Schulweg eine Brezel", erklärt Jakob. „Und wenn Valentin dabei ist, kriegt er auch immer eine! Aber morgen soll sie ...", schnell zählt er alle durch, „eins, zwei, drei, vier, fünf ... SECHS Brezeln kaufen!" „Nee, SIEBEN!", verbessert ihn Valentin. „Eine noch für den Lars!" „Stimmt!", sagt Jakob und überlegt kurz. „Nee, ACHT!", ruft er. „Sonst hab ich ja wieder nix!" Jetzt müssen alle lachen. Und dann picknicken sie, bis kein Krümelchen mehr übrig ist und der Schulgong das Ende der großen Pause ankündigt. Schnell nehmen sie ihre leeren Tüten und Boxen, Pia ihre Strickjacke und rennen zurück zum Schuleingang.

„Hey, schaut mal, wer da kommt!", ruft Heiner. Zwischen all den Schülern, die zum Schulgebäude strömen, läuft eine Gruppe Kinder in einer hübschen Zweierreihe über den Schulhof. Und wer geht vornedran? „INGRID!", rufen alle sieben, und schon sind sie bei ihr und bedrängen sie mit Fragen. „Was machst du hier?" ... „Sind das die neuen Vorschulkinder?" ... „In welche Klasse geht ihr?" ... „Kommt ihr zu uns?" „Nein, zu uns!", sagt Frau Fröhlich, die inzwischen hinzugekommen ist. „Schaaade!", murren sie. Doch nun müssen sie sich beeilen, damit sie pünktlich im Klassenzimmer sind, bevor es zum zweiten Mal gongt.

Erste-Klasse-Sommerfreuden

„Ratet mal, wen wir gesehen haben!", ruft Heiner schon in der Tür und verkündet die Antwort gleich dazu: „Die Vorschulkinder aus der Villa Wandel und … INGRID!" „Und wo sind sie jetzt?", erkundigen sich die anderen neugierig. „In der zweiten Klasse", antwortet Heiner.

„Och, schade!", rufen alle. „Aber bald seid ihr Zweitklässler und dann bekommt IHR Besuch von den Vorschulkindern!", ermuntert sie Frau Fuchs, die alles mitangehört hat. „Hurra! Hurra! Hurra!", grölen alle und hopsen herum.

„Aber jetzt kommen zuerst einmal die Sommerferien!", ruft Frau Fuchs laut in den Jubel hinein und hält dabei den stillen Fuchs hoch.

„Darauf freuen wir uns doch alle schon … und manche freuen sich vielleicht auf etwas ganz Besonderes!"

Im Nu schnellen ein paar Arme in die Höhe, und nacheinander dürfen alle erzählen, was sie in den großen Ferien vorhaben.

Finja, Leni, Konrad, Simona, Hanna, Resul, Elias, Marie und Johannes fangen an und die ehemaligen Villa-Wandel-Kinder machen weiter.

„Ich mach mit meinem Papa eine Heißluftballonfahrt!", sagt Finn freudestrahlend.

„Ich darf meinen Schulpaten Felix besuchen und auf seiner E-Gitarre spielen und zuschauen, wenn seine Band probt!", sagt Florian stolz.

„Wir fahren zu einem echten Schloss, wo man alles angucken kann!", schwärmt Pia.

„Ich hab in den Ferien Geburtstag und mach ein Fest mit Übernachten!", erzählt Valentin voller Vorfreude.

„Ich fahr zu Oma und Opa und bleib da mindestens eine Woche lang!", verkündet Emma.

„Mein Papa fährt mit mir in die Berge zum Klettern und dann hat er ganz viel Zeit für mich!", sagt Jakob und klatscht in die Hände.
„Ich darf meine Lieblingstante Doris besuchen und wir gehen in ein großes Museum mit lauter Bildern und so!", berichtet Jule.
„Ich geh in eine Zirkusschule und lerne Artist oder Clown oder beides zusammen!", sagt Timo. „Und Max darf auch mit!"

„Hm, hm", macht Max und nickt. „Timo und ich, wir gehen beide in die Zirkusschule!"
„Katharina und ich wollen von morgens bis abends zusammen spielen!", ruft Anna begeistert.
„Und manchmal helfen wir aber auch Herrn Priesmann beim Beerenpflücken!", fügt Katharina noch hinzu.

„Ich mach mit meiner Pfadfindergruppe eine Wanderung, mit Zelten und Lagerfeuer und natürlich über Nacht!", sagt Marla ganz selbstbewusst.
„Ich geh mit Frau Letter in die große Bibliothek! Frau Letter ist unsere Nachbarin und sie arbeitet dort. Aber wenn ich mitgehe, hat sie frei!", erzählt Nele und strahlt vor Freude.

„Also ich will mal wieder in die Villa Wandel und Ingrid und alle besuchen!", verkündet Heiner zum Schluss.

„Na, dann wirst du den Vorschulkindern bestimmt viel von der Schule erzählen!", meint Frau Fuchs. „Denn eines ist klar, Kinder. Was ihr in diesem ersten Schuljahr alles zusammen erlebt und gelernt habt, das sind superstarke Schulgeschichten!"

Oh ja, das finden die Erstklässler auch! Und nun, da jeder von den großen Ferien erzählt hat, können sie es kaum noch erwarten, bis es so weit ist. Und endlich ist er da ... der letzte Schultag, an dem 23 Erste-Klasse-Kinder glücklich aus der Südstadtschule hinaus und in die Sommerferien hinein hüpfen!

Sabine Cuno

Sabine Cuno wurde 1952 in Schleswig-Holstein geboren und lebt heute bei Ravensburg. Kinder spielen die größte Rolle in ihrem Leben. Und fast immer hat die zweifache Mutter Kindergeschichten im Kopf. Seit über zehn Jahren schreibt sie für mehrere namhafte Verlage. An die 200 Titel sind inzwischen von ihr erschienen, einige davon in neun verschiedenen Sprachen.

Thorsten Saleina

Thorsten Saleina wurde 1970 in Stade geboren. Nach dem Studium im Fachbereich Kommunikationsdesign an der Hochschule für angewandte Wissenschaften in Hamburg arbeitete er zehn Jahre lang als Grafik-Designer in verschiedenen Hamburger Werbeagenturen und schließlich als freiberuflicher Illustrator.

Bibliografische Information der Deutschen Nationalbibliothek

Die Deutsche Nationalbibliothek verzeichnet
diese Publikation in der Deutschen Nationalbibliografie;
detaillierte bibliografische Daten sind im Internet
über http://dnb.d-nb.de abrufbar.

© 2015 arsEdition GmbH, Friedrichstraße 9, D-80801 München
Alle Rechte vorbehalten
Text: Sabine Cuno
Illustrationen: Thorsten Saleina
Satz: Janina Michna, München
ISBN 978-3-8458-0510-8

www.arsedition.de